Christian MEUNIER

Découvrez l'emploi des temps fondé sur les traits pertinents temporels

Cet ouvrage s'appuie sur

« La théorie des temps grammaticaux fondée sur les traits pertinents temporels »

© Éditeur: BoD Books on Demand 12/14 Rond-Point des Champs Élysées 75008 Paris

Impression: BoD Books on Demand Norderstedt Allemagne

Dépôt légal: janvier 2021

ISBN : 9 78 2322 18072-1

1 Posons le problème

Un article récent de Télérama {Rousset / Landrot 2017} a posé la question de savoir s'il fallait encore enseigner la grammaire du français dans les écoles, étant donné la frustration des élèves, ainsi que celle des enseignants. Les esprits se sont échauffés à propos de l'introduction du concept de **prédicat**, qui a amené des réflexions ébouriffantes de la part des enseignants : « *J'hésite à enseigner le prédicat à mes collégiens. J'ai vraiment trop peur qu'ils se foutent de ma gueule.* » (p. 23) Un autre déclare « *Désolé, mais moi, c'est décidé, j'assume, à la rentrée 2017, je zappe le prédicat... Je serai à la retraite.* » (Ouf, sauvé par le gong !) Un autre « *Perso, c'est tellement le bordel ... que je me contrefiche du prédicat.* » Heureusement, quelqu'un garde son sang-froid dans ce psychodrame généralisé, même s'il l'exprime dans une langue très moderne : « *Trop marre d'entendre les autres paniquer au mot « prédicat » alors que c'est juste un groupe verbal, quoi* ».

Le linguiste Marc Wilmet, dont les propos ont été recueillis par Marine Landrot, voit la raison principale du malaise dans le manque de rigueur de la grammaire scolaire. « *En grammaire, on énonce une règle et on l'assortit immédiatement d'une quantité d'exceptions. C'est donc que cette règle est mal formulée et qu'il faudrait la formuler autrement, avec la même rigueur que les sciences. On est loin du compte.* » (p. 28).

Nous sommes tout à fait d'accord avec lui. La grammaire est trop souvent mal formulée. Ou alors, l'enseignant n'arrive pas à faire le lien entre deux phénomènes, comme dans le cas que nous exposons dans le §1.1 dans lequel, si l'on ne fait pas intervenir l'intonation et la phonétique, on n'aura pas de règle possible, seulement des exceptions sans aucun lien entre elles.

Mais nous ne pouvons le suivre dans sa comparaison avec les sciences, car si l'on prend, comme lui, une science dure comme la physique, on tombe aussi sur des problèmes non résolus. Le « **big bang** » est une théorie, et non une certitude. La physique relativiste est en contradiction avec la physique quantique et les physiciens, pas plus que les mathématiciens, n'arrivent à les unifier. La théorie des cordes, qui tente d'expliquer pourquoi des particules se comportent comme un phénomène vibratoire, et qui utilise un monde à 11 dimensions, a ses partisans et ses détracteurs.

Quant à la remarque « *Je serais pour une position radicale : pas de grammaire du tout à l'école, pour commencer. Au fond, il faudrait étudier la grammaire à partir de 13-14 ans, à l'âge où les élèves ont une maturité suffisante.* » nous ferons simplement remarquer qu'en mathématiques, on n'attend pas que les apprenants aient la maturité nécessaire à la compréhension du calcul intégral pour commencer à leur enseigner la matière. On peut très bien commencer par des choses simples, à la portée d'un cerveau d'enfant, et adapter la progression, au cours des années d'enseignement, à la maturité du cerveau.

Il fait aussi remarquer qu'en Amérique ou au Japon, on commence bien plus tard à apprendre la grammaire. Or, le temps et l'énergie nécessaires à l'apprentissage de la grammaire dépendent évidemment de sa difficulté. Les élèves français n'ont pas beaucoup de chance, car leur langue maternelle est compliquée : l'écrit est éloigné de l'oral, les accords sont nombreux et divers, les conjugaisons complexes, la précision et la clarté exigée ne supportent pas l'approximation et la compréhension à demi-mot. Son apprentissage est donc plus long, et nécessite une soigneuse progression tenant compte de la pédagogie et de la didactique adaptées à l'âge des apprenants.

1.1 Pas d'explication simpliste

On ne peut pas, lorsque l'on enseigne l'emploi des temps, se contenter d'explications simplistes. Ainsi, dans La Grammaire du Français contemporain, on trouve p. 341

« A l'intérieur d'une série de verbes au passé simple, l'imparfait s'intercale pour commenter un fait rapporté.

Le juge alluma une cigarette. La fièvre donnait au tabac un goût de miel. Il écrasa la cigarette (VAILLAND) »

La série de verbes, c'est « *Le juge alluma une cigarette… Il l'éteignit.* » On peut se demander pourquoi, venant d'allumer la cigarette, il s'empresse de l'éteindre. On trouve l'explication dans la phrase « *La fièvre donnait au tabac un goût de miel.* » De notre point de vue, cet imparfait s'explique parce que le goût de miel est encore perceptible au moment où il écrase la cigarette. C'est ce que nous appelons une simultanéité au contact (cf. Tpt4). Notons que l'explication « l'imparfait s'intercale pour commenter un fait rapporté. » n'explique rien, puisque le fait d'allumer la cigarette ainsi que celui de l'éteindre sont aussi des faits rapportés. De plus, on aurait pu intercaler : « Il trouva le goût écœurant et écrasa la cigarette. », et les deux faits rapportés seraient au passé simple. L'explication originale est donc floue et n'apporte rien au lecteur de la grammaire, lequel a consulté l'ouvrage pour trouver une explication qui lui explique cet emploi de l'imparfait et lui permette, quand il s'exprimera en français, de choisir l'imparfait à bon escient.

1.2 Pas d'explications trop littéraires

On ne peut pas non plus délirer dans ses explications et expliquer un exemple que l'on a choisi bien touffu, pour en donner une explication littéraire, interprétant l'exemple comme une œuvre littéraire, traquant l'intention de l'auteur jusqu'au mot le plus anodin.

Quelquefois, les auteurs grammairiens sont quelque peu difficiles à suivre :
« *Je retournai de temps en temps à la Nationale ; j'empruntai pour mon compte chez Adrienne Monnier ; je m'abonnai à la bibliothèque anglo-américaine… L'hiver au coin de mon feu, l'été sur mon balcon, […] je complétais ma culture (S. DE BEAUVOIR).* » Grammaire du français contemporain (p. 341)

« Sylvain, de ses deniers, a acquis de la naissance et un autre nom : IL EST seigneur de la paroisse où ses aïeuls payaient la taille ; il n'aurait pu autrefois entrer page chez Cléobule et IL EST son gendre (LA BRUYERE). »

Avant de pouvoir apprécier la valeur de l'imparfait dans le premier cas, et du présent dans le second, il faut comprendre le texte. Comprendre que « *la Nationale* » est une bibliothèque, et non pas une route, savoir qu'Adrienne Monnier tenait une librairie et prêtait certains ouvrages à ses meilleurs clients.
Dans le second, il faut comprendre « *acquérir de la naissance* », comprendre « *la taille* », ce qu'est « *un page* ».

Le principal problème de l'enseignement de la grammaire, que ce soit à des francophones ou à des étrangers, à des apprenants, à des enseignants ou à de futurs enseignants, vient de ce que les auteurs de grammaire, soucieux de ne rien oublier, décrivent le plus de phénomènes possible, même ceux qui doivent leur existence au fait que l'écrivain, qui est un artiste dans son domaine, manie la langue avec beaucoup de facilité, et peut très bien se servir de certains temps à contre-courant pour donner une impression.

Prenons trois exemples simples.
> A. *Le navire coulait. L'équipage l'abandonna.*
> B. *Le navire coula. L'équipage l'abandonna.*
> C. *Le navire coula. L'équipage l'abandonnait.*

Passons maintenant à leur analyse :
→ Dans l'exemple A, le navire commence à couler. Les marins, qui n'ont pas envie de périr, montent dans les canots de sauvetage et l'abandonnent. Nous aurions fait comme eux dans le même cas.

→ Dans l'exemple B, nous avons affaire à un équipage conscient de ses responsabilités. Il se trouve qu'un bateau naviguant à vide appartient à celui qui le trouve. Autrement dit, et cela s'est déjà vu, si les marins, paniqués, abandonnent un peu trop vite le navire alors que celui-ci, en fin de compte, ne coule pas, n'importe qui pourra s'emparer du bateau. Donc, on reste à bord jusqu'à ce qu'il finisse de couler, pour être bien sûr de ne pas l'abandonner trop tôt. En fait, la présence du capitaine suffit, mais comme ici son équipage tient à son officier, il reste avec lui jusqu'au bout.
Petit problème : l'équipage attend que le navire arrive au fond avant de l'abandonner. Que se passera-t-il s'il navigue entre le continent et la Corse, là où se trouve une profondeur de 3 000 mètres, le passé simple « *coula* » l'obligeant à rester à bord jusqu'au bout ?

→ L'exemple C, lui, est carrément surréaliste et pourrait être dû à un écrivain artiste dont nous avons parlé plus haut. Voilà un bateau qui coule jusqu'au fond. Et pourquoi le fait-il ? Parce que l'équipage est en train de l'abandonner, et qu'il sent qu'il va bientôt être seul. Ce bateau, qui est un grand sensible, devient ainsi quasiment un personnage qui, se sentant abandonné, se laisse mourir, voire se donne volontairement la mort.

Alors que les deux premiers exemples sont faciles à cerner, le dernier, auquel nous reconnaîtrons une certaine qualité littéraire et artistique, sort du cadre, et on peut se demander si une grammaire est le bon endroit pour l'enseigner.

L'art est un monde à part, surtout l'art contemporain. Ce qui pour certains est une œuvre d'art, comme l'urinoir de Marcel Duchamp, dont un exemplaire a été vendu en novembre 1999 pour la somme de 1.677.000 millions d'euros, n'est pour d'autres qu'un vulgaire objet utilitaire dans lequel on n'hésiterait pas à assouvir ses besoins si seulement il était branché sur le système d'eau !

Outre la fragilité de certaines règles, la grammaire des temps souffre aussi d'un manque de clarté dû au fait que les explications viennent de plusieurs domaines, traités différemment selon les auteurs. Ceux-ci parlent du temps, du mode dont la description est souvent malaisée, et y ajoutent encore l'aspect, qui nous donne des indications sur le procès (l'action), et sur la modalité, qui nous dit comment évaluer le contenu de l'information (degré de vérité, degré de sûreté etc.)
Le nombre d'aspects ou de modalités varie d'un auteur à l'autre, leur nom également. Certains aspects sont liés à la syntaxe, d'autres à la sémantique du verbe, d'autres enfin à la pragmatique. Comme la plupart des grammaires décrivent les détails, sans essayer de les rassembler en une unité dont ils pourraient montrer le fonctionnement, il serait temps que l'on

mette sur pied une *théorie unificatrice* de tous ces détails, fondée sur un autre principe, qui explique l'emploi des temps dans une optique de compréhension, mais aussi d'expression.

1.3 Pourquoi construire une nouvelle théorie des temps ?

Nous venons de nous plaindre de toutes sortes de déficits dans les grammaires qui nous entourent. Nous allons maintenant tenter de définir ce que nous voulons mettre dans une nouvelle théorie afin qu'elle corresponde aux besoins que nous avons.

Avant tout, elle devrait être globale, c'est-à-dire couvrir l'ensemble des moyens qui concourent à la conception et à l'emploi des temps grammaticaux. Ce sont ces moyens qui participent à l'emploi des temps, leur codage (production) et leur décodage (compréhension) que nous appellerons « *traits pertinents temporels* ».

- ➢ Il faut étudier les verbes, qui portent la flexion, laquelle permet de reconnaître, outre la personne et le nombre, rarement le genre du sujet ou du C.O.D dans le cas de l'accord du participe, les modes et les temps utilisés, mais aussi certains adverbes, certaines prépositions ou conjonctions de temps, quelquefois certaines expressions, bref, tout ce qui concourt à expliquer l'emploi des temps.
- ➢ Il faut étudier leur fonctionnement dans leur domaine d'application, c'est-à-dire dans les principales ou indépendantes, certes, mais aussi dans les compléments de temps, dans les subordonnées en général, et surtout les subordonnées circonstancielles, les complétives par *que* et par *si*, et les relatives. Il ne faudra pas oublier le discours indirect, dans lequel les temps sont soumis à certaines transformations dues à un changement de repère.

Ensuite, il faut une grammaire des temps capable de remplir un certain nombre de conditions :
- ➢ Elle doit expliquer la langue orale et la langue écrite.
- ➢ Elle doit tenir compte des niveaux de style.
- ➢ Elle doit aussi bien assurer la compréhension que la production, c'est-à-dire expliquer pourquoi on emploie un temps X (compréhension), mais aussi comment faire pour exprimer ce que l'on veut dire par un temps Y (production).
- ➢ On attend de la grammaire que les règles soient claires, faciles à comprendre, selon le principe de Boileau : « Ce qui se conçoit bien s'énonce clairement… » et surtout pertinentes, ce qui suppose que l'auteur ait bien compris comment le tout fonctionne. Nous avons vu que ce n'était malheureusement pas toujours le cas des ouvrages existants, et si l'on a du mal à comprendre, en tant que lecteur, c'est parce que l'auteur n'a pas su démonter le système pour en décrire le fonctionnement.
- ➢ On veut en outre pouvoir se servir des règles édictées pour être en mesure de construire ses phrases et ses textes, et de s'en servir comme d'un mode d'emploi. Il faut donc qu'elles soient assez claires et précises pour que l'on puisse les utiliser avec quelques chances de succès.
- ➢ Nous devons employer une terminologie compréhensible à tout lecteur du niveau du public visé, en renonçant au jargon incompréhensible tout en utilisant les termes techniques d'un large usage.

Nous avons déjà eu l'occasion plus haut d'évoquer l'imprécision des règles utilisées dans l'enseignement, du manque d'unité des grammaires, même parmi les meilleures, qui sont plus soucieuses de tout expliquer, même si c'est de façon disparate, ad hoc que de trouver un plan directeur, une unité.

Chaque grammaire cherche à résoudre le problème à sa manière, et l'on se perd en passant d'un ouvrage à l'autre, les problèmes considérés, les aspects reconnus et les modalités envisagées étant diverses et variées, sans parler de la terminologie qui change d'un ouvrage à l'autre et déroute le lecteur.

Certes, le sujet est difficile, situé au croisement de plusieurs domaines (syntaxe, sémantique, pragmatique, intentions et psychologie des locuteurs et des auditeurs influant sur le choix des temps, du style, la performance artistique fondée sur le langage et l'art de l'utiliser) si bien qu'on se perd vite dans des considérations éloignées de la linguistique de base.

Comme la plupart des grammaires décrivent les détails, sans essayer de les rassembler en une unité dont elles pourraient montrer le fonctionnement, il serait temps que l'on mette sur pied une théorie unificatrice de tous ces détails, fondée sur un autre principe, qui explique l'emploi des temps dans une optique de compréhension, mais aussi d'expression orale et écrite.

Les locuteurs Français parlant à un rythme soutenu, ils n'ont pas le loisir de se poser toutes sortes de questions à caractère littéraire pour choisir le bon temps. Ils ont d'autres critères d'emploi, qu'ils ont acquis pour la plupart des temps de façon implicite, car l'emploi des temps et des modes, à part celui du subjonctif ou encore du conditionnel lorsqu'il est interdit (complétive par « si »), fait souvent partie de la grammaire implicite.

Selon {Germain/Netten 2013}, qui s'appuient sur les neurosciences, on doit parler chez les natifs de deux grammaires :
- Une grammaire intuitive
- Une grammaire cognitive

- *La grammaire intuitive*, que les enfants acquièrent au contact de leurs proches avant d'aller à l'école, par correction des proches, mais pour laquelle on ne formule aucune règle. On se contente de phrases simples, agrémentées de relatives et de circonstancielles rudimentaires.

- *La grammaire cognitive* qui s'apprend à l'école, avec des règles. L'école profite de l'occasion pour revenir sur la grammaire intuitive afin d'en préciser les règles, et d'en

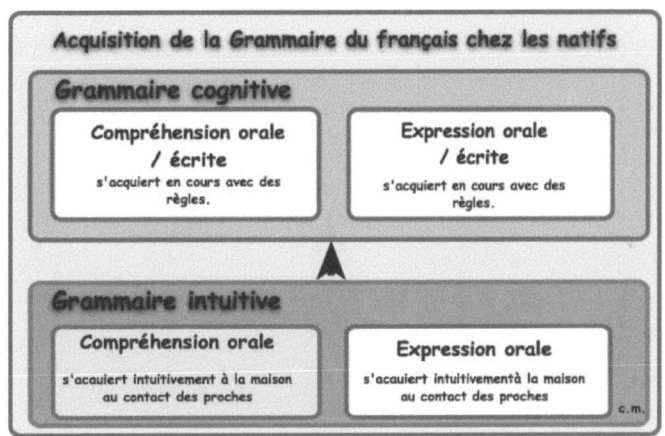

ajouter de nouvelles sur l'emploi des temps, la phrase complexe et certaines structures telles que l'hypothèse, l'accord du participe, certaines conjugaisons.

Dans le cas du FLE, les apprenants ont acquis de façon intuitive la grammaire de leur langue maternelle. S'ils ne sont pas natifs et apprennent le français comme langue étrangère, c'est seulement de façon cognitive.

Pourtant, nous avons nous-même appris l'allemand par une méthode intuitive, la méthode Evrard et Stürzer, sans règle, grâce à des activités dans la lignée des exercices structuraux sur la déclinaison de l'adjectif, avec un stimulus suivi d'une réaction :

→ Déclinaison de l'adjectif: ***Was für Wein wächst am Rhein? Guter Wein wächst am Rhein.*** -> *Quelle sorte de vin* (ici, vignoble) *pousse le long du Rhin ?*
  Du bon vin (ici, boisson) *pousse* (ici, est produit) *le long du Rhin.*

Le stimulus était fourni par celui qui venait de répondre, et son voisin fournissait la réponse, avant de poser lui-même la question à un autre voisin. Nous avons pu ainsi apprendre la langue allemande sans la moindre règle, par répétition ou transformation, de façon intuitive mais terriblement lassante et peu motivante, la motivation étant « encouragée » par l'enseignant à coups de gueule, voire distribution de taloches ou d'heures de colle.

Notons qu'en règle générale, les ouvrages de grammaire ne s'occupent que de la compréhension orale / écrite de grammaire cognitive, c'est-à-dire qu'elles expliquent des problèmes, plus rarement de la partie expression orale /écrite, qui est justement celle dont les apprenants auraient besoin pour produire des phrases correctes et idiomatiques. Il conviendrait donc, dans notre théorie grammaticale, de traiter des deux formes : la grammaire de la compréhension, et celle de la production, tant à l'oral qu'à l'écrit.

Pour simplifier et systématiser l'emploi des temps, nous allons utiliser un réseau de traits pertinents temporels (Tpt), au nombre de 12, qui peuvent prendre plusieurs valeurs, selon les cas, et qui jouent un rôle dans le choix des temps.

Les apprenants pour qui le français est une langue étrangère et qui ne disposent pas de cette grammaire implicite dont nous avons parlé auront encore plus besoin que les francophones de connaître ces Tpt, que ce soit pour la différence entre l'imparfait et le passé simple, remplacé à l'oral par le passé composé, les temps composés, l'emploi du participe et de l'infinitif.
Les enseignantes auront donc tout intérêt à se pencher sur ce réseau des Tpt pour systématiser et simplifier leur enseignement des temps.
Cet article repose sur le livre de Christian Meunier *Théorie des Temps grammaticaux fondée sur l'emploi des traits pertinents temporels*, en cours de finition.
Vous trouverez plus de détails sur https://www.la-grammaire-du-fle.com , dans la rubrique *Théorie des temps par les Tpt*, en particulier dans la sous-rubrique « *Documents* ».

Nous allons présenter les traits pertinents temporels en deux étapes :

- ➢ 2. Découvrons les traits pertinents temporels.
- ➢ 3. Les traits pertinents temporels à travers les temps et les modes.

2 *Découvrons les traits pertinents temporels*

Nous avons vu la difficulté qu'il existait à expliquer l'emploi des temps avec les modes, les temps, les aspects, les modalités. Nous allons envisager le problème sous un autre angle en employant les traits pertinents temporels (Tpt).

2.1 Définition des traits pertinents temporels

Nous entendons par traits pertinents temporels les éléments qui influent sur le choix des modes et des temps. Nous y trouverons diverses catégories qui ont pour point commun d'avoir une influence sur ce choix.
L'intérêt de ces Tpt, c'est qu'on peut les classer par fonction, au lieu de les classer par temps.
Nous allons suivre le cheminement suivant :
Nous allons commencer par les présenter, et avec les différentes valeurs qu'ils peuvent prendre.
Nous verrons ensuite dans d'autres chapitres comment ils se combinent avec les pronoms relatifs, conjonctions, locutions conjonctives :

- Dans les relatives
- Dans le discours indirect
- Dans les subordonnées complétives par *que* ou par *si*.
- Dans les subordonnées circonstancielles
- Dans les infinitives et participes.

2.2 Découverte des traits pertinents

Nous partons d'une liste d'exemples qui couvrent l'ensemble des explications fournies par eGrammaire {Meunier 2014} et enrichie pour les besoins de la cause. Nous allons étudier tous ces exemples :

Liste des exemples qui permettent l'étude des traits pertinents temporels :		
n°	Expliqué page…	
A01	13	Les mouches ont six pattes.
A02	13	Zidane reprend le ballon et marque.
A03	40 (tableau)	Aujourd'hui, il pleut à verse.
A04	40 (tableau)	A Nice, le canon du château tire tous les jours à midi.
A05	13, 40 (tableau)	Le 1er mai, les Français s'offrent du muguet.
A06	40 (tableau)	Pauline va à l'école.
A07	13	Mes rhumatismes me font souffrir quand il pleut.
A08	40 (tableau)	Il a des boutons chaque fois qu'il mange des fraises.
A09	14, 40 (tableau)	Elle rentre chez elle. Le voisin sort de chez lui.
A10	40 (tableau)	Quand ils ont fini leurs devoirs, les enfants vont regarder la télé.
A11	48	Le soleil se lève. Pierre se brosse les dents.
A12	14	Aussi longtemps qu'il y a de l'orage, Paul ne dort pas.
A13	40 (Tableau)	La voiture entre dans le tunnel quand la pluie se met à tomber
A14	41 (Tableau)	Les vaches sortent dans la prairie. L'agriculteur se gratte la tête.
A15	15	Quand le chat n'est pas là, les souris dansent.
A16	41 (Tableau)	Lorsqu'il part pour l'école, j'ai déjà mangé.
A17	41 (Tableau)	Dès que les parent sont partis, les enfants font des sottises.

Découvrons les traits pertinents temporels

A18	16	Mon voisin a été arrêté. Il avait fait des bêtises dans sa jeunesse.
A19	11, 41 (Tableau)	En 1214, Philippe-Auguste remporte la bataille de Bouvines.
A20	11, 41 (Tableau)	Dans trois ans, je pars pour l'Australie.
A21	16, 41 (Tableau)	La voiture sort de l'autoroute.
A22	16, 17, 41 (Tableau)	A la Toussaint, elle achète des fleurs, va au cimetière et se recueille sur la tombe de ses parents.
A23	17, 41 (Tableau)	Quand elle entend cette chanson, elle est prise d'une forte émotion et se met à pleurer.
A24	41 (Tableau)	A San Francisco, les habitants craignent le big one, un tremblement de Terre qui doit détruire toute la ville.
A25	41 (Tabl.), 61,62	Quand il pleut, les escargots sortent de leur coquille.
A26	41 (Tableau)	Quand son père lui fait des reproches, Popaul se met à trembler, puis à pleurer, et finit par s'évanouir.
A27	24, 41 (Tableau)	Elle va le quitter
A28	41 (Tableau)	Elle est sur le point de le quitter
A29	41 (Tableau)	Ils étaient sur le point de se marier lorsqu'elle tomba amoureuse d'un footballeur.
A30	25, 41 (Tableau)	Chaque fois qu'on le critique, Il se met à crier.
A31	25, 41 (Tableau)	Elle est en train de tricoter un pullover à son chien.
A32	25	Les travaux sont sur le point de se terminer.
A33	41 (Tableau)	Les travaux viennent de se terminer.
A34	13, 20, 28, 41 Tb	La Terre tourne autour du soleil.
A35	11	Il y a dix ans, on le met à la porte du lycée, …
A36	11, 41 (Tableau)	… demain, il entre à Polytechnique.
A37	11, 41 (Tableau)	Demain, nous prenons l'avion pour Montréal.
A38	42 (Tableau)	Si tu veux, on va au cinéma demain.
A39	27, 42 (Tableau)	Il regarde dans le frigo s'il y a encore du beurre.
A40	28, 42 (Tableau)	Ses enfants regardent la télévision toute la journée.
A41	28, 42 (Tableau)	Elle passe tout l'hiver dans sa maison de Menton.
A42	28, 42 (Tableau)	La pharmacie vous accueille de 9 heures à 20 heures.
A43	29, 42 (Tableau)	Aznavour chante à l'Olympia.
A44	42, (Tableau)	Il est à Paris.
A45	29, 42 (Tableau)	Si demain il pleut, nous resterons à la maison.
A46	30, 42 (Tableau)	Si demain il neigeait sur Marseille, nous irions faire du ski.
A47	30, 42 (Tableau)	S'il avait plu, nous serions allés chercher des escargots.
A48	42 (Tableau)	Je lis le journal avec plaisir.
A49	42 (Tableau)	Enfin, Marius Trésor marquait le but de la victoire.
A50	38, 42 (Tableau)	Elle est en retard. Elle aura eu un empêchement.
A51	42 (Tableau)	Si tu veux, nous pouvons aller au restaurant ce soir.
A52	42 (Tableau)	Papa collectionnait les timbres.
A53	42 (Tableau)	Papa les collectionne.
A54	31, 42 (Tableau)	Jules aime beaucoup les voyages.
A55	31, 42 (Tableau)	Jules aimait beaucoup les voyages.
A56	32, 42 (Tableau)	Le président aurait perdu une chaussure en montant les escaliers.
A57	32	Si tu étais intelligent, tu la comprendrais.
A58	32, 42 (Tableau)	Je veux qu'il vienne pour que je puisse le féliciter, car il est bon qu'il comprenne que je suis satisfait de son travail.

1.1.1. Topogramme des traits pertinents temporels

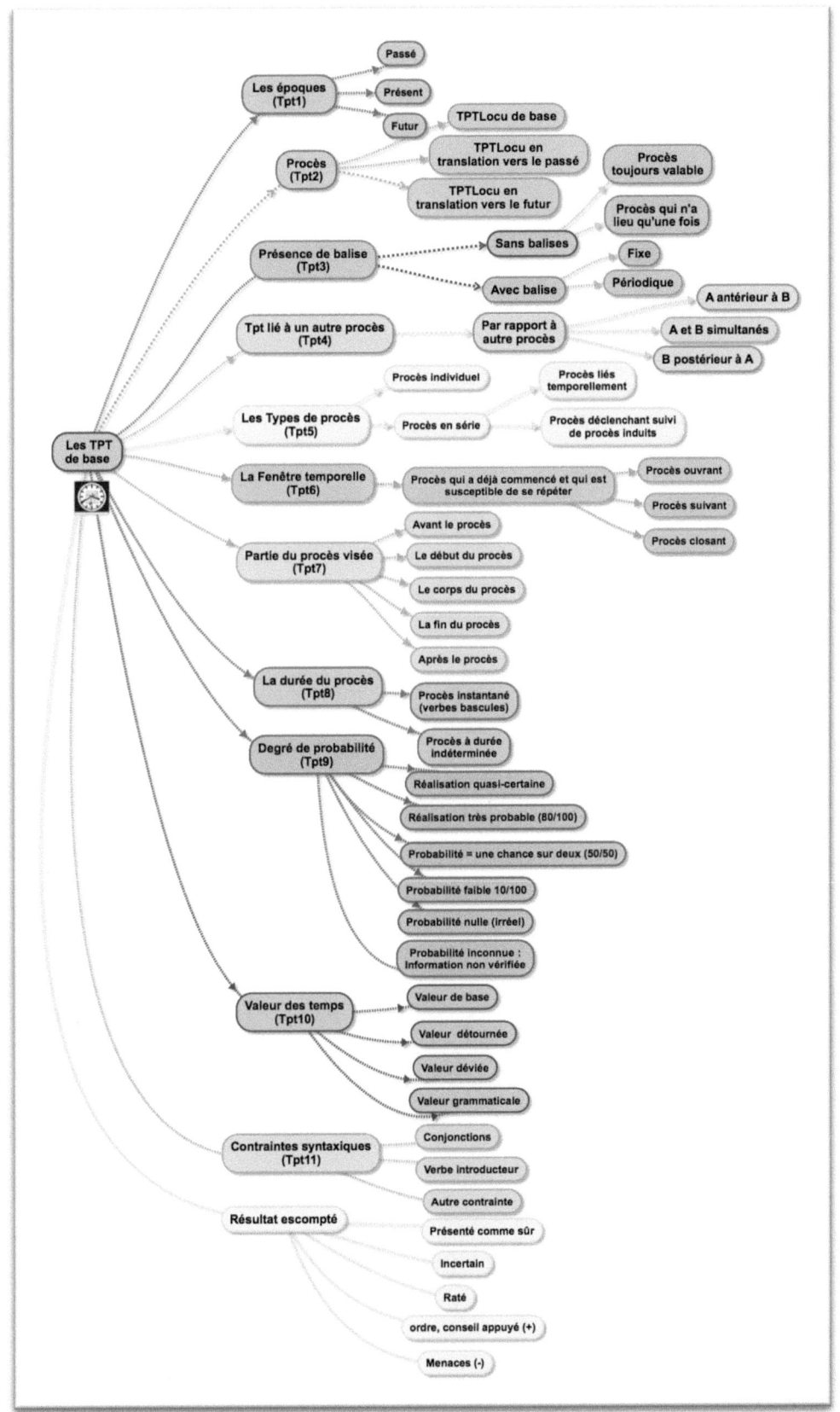

Découvrons les traits pertinents temporels

2.2.1.1 Les époques (Tpt1)

S'appuyant sur {Priscien 525}, Le Dona françois de Barton, une des plus anciennes grammaires, reconnaît trois temps de base : Le présent, le passé et le futur.
Nous les reprenons sous le nom d'*époques*. Les trois époques sont représentées sur notre graphique :

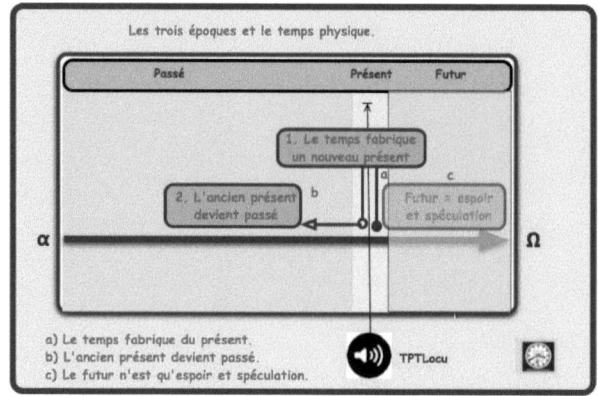

→ **Le présent** que le temps produit de façon continue, tandis qu'il envoie le présent précédent dans le passé.

→ **Le passé**, qui abrite tous les procès qui ne sont plus actuels, et qui constituent une immense archive.

→ **Le futur**, qui abrite les espoirs, les intentions des locuteurs. Comme les procès qu'il est censé contenir sont, selon les cas, probables (futur simple) ou bien ont peu ou pas du tout de chances de se produire (conditionnel), nous les représentons dans une sorte de brouillard, qui doit nous rappeler que le futur n'existe pas encore, et que quand le procès se sera réalisé, il sera d'abord au présent, puis au passé.

Il va de soi que tous les temps sont touchés par **Tpt1 (=Époque)**. Le locuteur va essayer de replacer les procès décrits dans le présent, le futur ou encore le passé.

2.2.1.2 Le repère temporel lié à la locution (Tpt2)

2.2.1.2.1 Il y a deux repères temporels de base :

Celui de la locution (TPTLocu) : c'est le moment où le locuteur parle ou écrit. C'est le point de référence le plus important.
Celui du procès (TPTProc) : c'est le moment où le procès se déroule.
Ils sont employés de deux façons :
> La forme de base
> Trait pertinent temporel (TPT) en translation.

L'époque dépend des deux repères ci-dessus : TPTLocu =TPTProc)

2.2.1.2.1.1 La forme de base

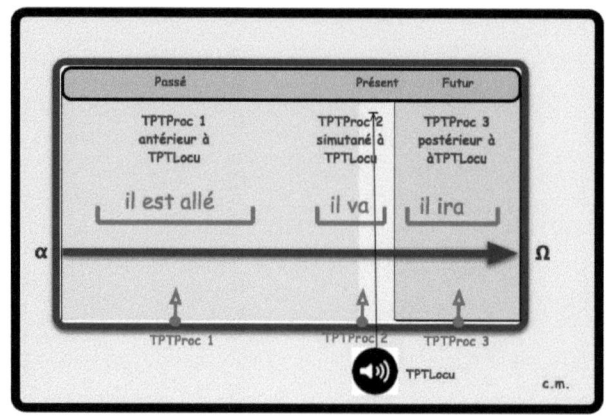

Il va : Les deux repères TPTLocu et TPTProc2 ont lieu en même temps. Le procès est au présent.

Il est allé : TPTProc1 est antérieur à TPTLocu. Le procès est à un temps du passé.

Il ira : TPTProc 3 est postérieur à TPTLocu. Le procès est à un temps du futur.

> **Règle**
> - Lorsque **les deux repères TPTLocu (locution) et TPTProc (procès) sont simultanés**, le verbe principal sera au présent.
> - Lorsque **le repère du procès est antérieur à celui de la locution**, le verbe principal sera à un temps du passé.
> - Lorsque **le repère du procès est postérieur à celui de la locution**, le verbe principal sera à un temps du futuro/conditionnel.

2.2.1.2.1.2 TPTLocu en translation.

Pour rendre un procès plus vivant, lorsqu'il devrait être dans le passé ou dans le futur, on fait glisser artificiellement le TPT marquant la locution, et l'on emploie de ce fait un nouveau TPTLocu' (= TPTLocu prime), de telle façon que TPTLocu' et TPTProc deviennent simultanés, ce qui justifie l'emploi du présent :

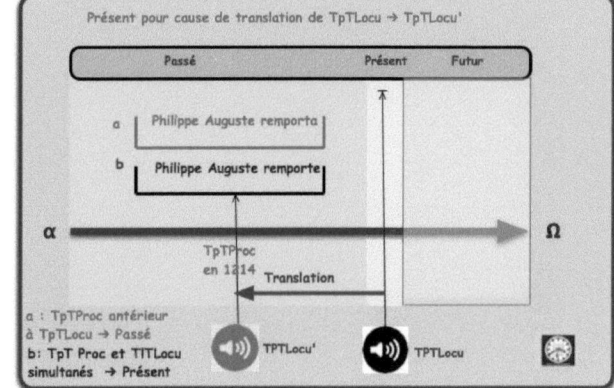

✦ Vers le passé : *En 1214, Philippe-Auguste remporte la bataille de Bouvines.*
✦ Vers le futur : *Dans trois ans, je pars pour l'Australie.*

La translation est le plus souvent annoncée par une balise (date, durée etc.) qui permet de positionner le procès dont on parle dans le temps.
> - ✦ *En 1214*, translation par précision de la date.
> - ✦ *Dans trois ans* : translation par précision de la durée qui nous sépare du procès.

Nous aurons aussi :
> - ✦ *Il y a dix ans, on le met à la porte du lycée.* (balise = durée : *il y a dix ans*)
> - ✦ *Demain, il rentre à Polytechnique.* (balise = durée : *demain* = un jour plus tard)
> - ✦ *Roger est né le 24 juin 1920.* (balise = date : *le 24 juin 1920*)

Ou encore :
> - ✦ *Demain, nous prenons l'avion pour Montréal.* (balise = durée : *Demain* = un jour plus tard)

Découvrons les traits pertinents temporels

Règle sous forme d'algorithme	
Prérequis Connaître la conjugaison du présent de l'indicatif	
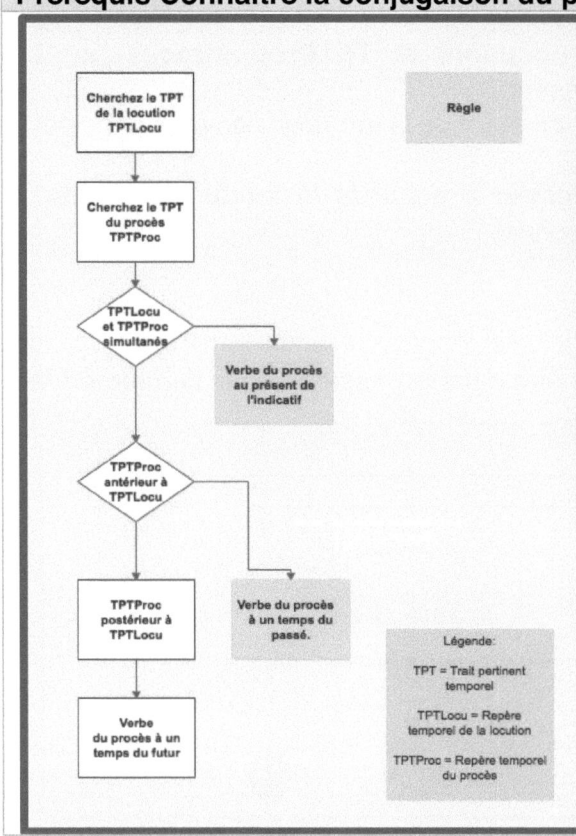	➜ Trouvez l'époque en comparant le trait pertinent temporel de la locution et celui du procès 1. Les poules marchent sur 2 pattes. 2. Madame regarde la télévision. 3. Elle a mangé à 17 h. 4. Elle se couchera après le film. ➜ *Utilisez l'algorithme pour trouver les solutions.* *Solutions :* 1. TPTLocu et TPTProc sont simultanés. Époque = présent. 2. TPTLocu et TPTProc sont simultanés. Époque = présent. 3. TPTProc antérieur à TPTLocu. Époque = passé. 4. TPTProc postérieur à TPTLocu. Époque = futur.

● **Nous en déduirons le premier TPT : l'époque**

Celui-ci peut prendre les valeurs :
- ➢ **Passé,**
- ➢ **Présent,**
- ➢ **Futur.**

● **Et nous y ajouterons le deuxième : différentes formes de TpTLocu**

Celui-ci peut prendre les valeurs :
- ➢ **TPTLocu et TPTProc de base**
- ➢ **TPTLocu en translation vers le passé**
- ➢ **TPTLocu en translation vers le futur**

Nous aurons donc à nous préoccuper de savoir si lorsque le locuteur parle, il n'effectue pas une translation vers le passé ou vers le futur. Celle-ci se reconnaît à condition que l'on puisse situer TPTProc dans le temps. Des balises temporelles telles que « *en 1214* » ou « *demain* », comparées au temps utilisé, nous aideront à contrôler si le locuteur déplace son discours dans le temps ou non.

2.2.1.3 TptProc et les balises temporelles (Tpt3).
Voyons maintenant comment le procès se replace dans le temps.

2.2.1.3.1 Procès sans balise :
Le procès peut ne pas être lié à un autre procès et n'avoir aucune balise temporelle pour des raisons particulières :

➔ **Le procès est constamment valable :**
✦ *Les mouches ont six pattes.*
C'est évidemment toujours vrai. Attrapons une mouche et comptons les pattes : elle en a six.
Nous avons donc affaire à un procès toujours valable, comme.
✦ *La Terre tourne autour du Soleil.*
La Terre, qui a été formée il y a 4,5 milliards d'années, tourne depuis très longtemps autour du soleil, et il y a de grandes chances que cela dure encore un bon moment.

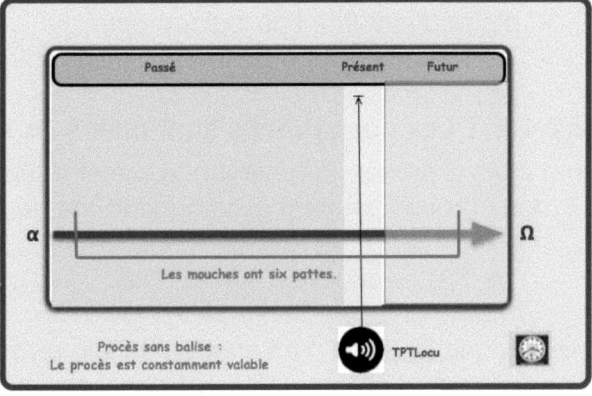

➔ **Le procès a lieu une fois.** Nous en avons été l'acteur ou simplement le témoin.
✦ *Zidane reprend le ballon et marque.*
Cela a eu lieu une fois et le locuteur décrit ce qu'il voit. C'est le contexte qui sert à replacer le procès dans le temps.
✦ *La voiture quitte l'autoroute.*
Le locuteur relate le fait que la voiture quitte l'autoroute, sans donner aucune précision sur le moment. Il faudra donc consulter le contexte, si on le trouve. Pour l'instant, on ne sait pas de quelle voiture il s'agit, ni de quelle autoroute, et encore moins le nom de la sortie. Pour cela, il nous faudrait une phrase plus détaillée :
✦ *A 18 heures, la voiture quitte l'autoroute Aix-Marseille à hauteur de Cabriès.*

2.2.1.3.2 Le procès est lié à une balise temporelle (TptBalTemp)
Le rôle de la balise temporelle est de donner des précisions sur le moment où a lieu le procès.
➔ Le repère peut être une balise temporelle fixe, qui prend la forme d'un adverbe de temps ou d'une expression temporelle :

✦ *Aujourd'hui, Pauline prend le car pour aller à l'école.*
Aujourd'hui est l'expression temporelle qui permet de replacer le procès *prendre*.

✦ *Mes rhumatismes me font souffrir par temps humide.*
Le locuteur lie le fait qu'il souffre à l'humidité du temps, qui a ainsi la valeur d'une balise temporelle. Il aurait bien du mal à démontrer que c'est l'humidité qui cause ses rhumatismes. Pourtant, il se sert de la balise du temps humide pour replacer ses douleurs dans le temps.

➔ Le repère peut être une balise temporelle, qui apparaît périodiquement :
✦ *Le premier mai, les Français s'offrent du muguet.*
Le premier mai est l'expression temporelle qui permet de replacer le procès *s'offrir*. Cette balise apparaît de façon périodique, une fois par an, accompagnée du procès.

> ● **Nous en déduirons notre troisième TPT : présence d'une balise temporelle (PptLiéProcès) en liaison avec le procès (TptProc)**
> **Celui-ci peut prendre les valeurs :**
> ➢ **Procès sans balise (constant, délimité unique)**
> ➢ **Procès avec balise temporelle (fixe, périodique)**

2.2.1.4 Le procès est lié à un autre procès (Tpt4).
Le procès peut être lié à un autre procès lui servant de repère temporel. Ces deux procès :

Découvrons les traits pertinents temporels

- ➢ Peuvent être liés par hasard, donc, de façon fortuite,
- ➢ Ils peuvent être liés logiquement.
- ➢ L'un peut déclencher le deuxième, voire toute une série de procès.

2.2.1.4.1 Les deux procès sont mêlés de façon fortuite.

On a alors 2 procès, l'un servant de repère temporel à un autre :
Les deux procès peuvent avoir lieu fortuitement ensemble.

✦ *Elle rentre chez elle. Le voisin sort de chez lui.*

A moins que le voisin n'ait attendu qu'elle rentre pour sortir lui-même, par exemple parce qu'il est amoureux d'elle et qu'il veut absolument l'approcher, la rencontre est fortuite. Dans ce second cas, les deux faits ne seraient donc liés que par le hasard.

2.2.1.4.2 Un procès peut aussi être lié à un autre, qui a lieu avant, après ou pendant.

- ➢ Le procès qui, en général, se trouve dans la principale et qui est de ce fait le procès le plus important, par exemple le verbe principal.
- ➢ Celui qui sert de repère temporel et qui se trouve souvent dans une subordonnée.

Nous appellerons A le procès qui commence le premier, et B celui qui commence le second. On a alors trois possibilités :
→ A est antérieur à B, qui est le verbe principal.
   Quand il a mangé (A), il fait (B) la sieste. La sieste suit le repas.
→ A, qui est le verbe principal, est simultané à B.
   Quand il pleut, il prend son parapluie.
→ B est postérieur à A, qui est le verbe principal.
   Il prend un parapluie pour que l'orage ne le surprenne pas.

2.2.1.4.2.1.1 Postériorité de B par rapport à A

B est postérieur à A (procès principal). Il y a deux cas : les deux procès se rencontrent de façon fortuite, ou l'un sert à déclencher l'autre. Dans ce cas le rapport est voulu et se trouve déclaré explicitement.

→ Postériorité fortuite
✦ *Pierre se brosse les dents avant que le soleil ne se lève.*
Il n'y a aucun lien entre ces deux faits qui ont lieu de façon fortuite l'un après l'autre, car Pierre n'a aucune raison particulière de se brosser les dents avant le lever du soleil.

→ Postériorité déclarée
✦ *Il se dépêche d'éteindre la télé avant que ses parents ne rentrent.*

Cette fois, c'est la crainte du retour des parents qui déclenche le fait qu'il éteigne la télé. Il n'a sans doute pas le droit de la regarder quand il est seul et il a peur de se faire réprimander par ses parents. On voit bien le rapport logique.

2.2.1.4.2.1.2 Simultanéité de « A » et de « B »

Comme pour la postériorité, la simultanéité peut être fortuite ou déclarée. Mais nous allons y ajouter une simultanéité au contact, qui nous sera bien utile quand nous étudierons l'imparfait.

→ Simultanéité fortuite :
✦ *Les vaches sortent de l'enclos. L'agriculteur pense à sa mère malade.*
Il n'y a aucun lien entre les deux procès.

→ Simultanéité déclarée :
  ✦ *Quand le chat n'est pas là, les souris dansent sur la table.*
Le rapport est évident, car si elles peuvent danser sur la table, c'est précisément parce que le chat n'est pas là pour les chasser.
  ✦ *Aussi longtemps qu'il y a de l'orage, Paul ne dort pas.*
Là aussi, il y a un rapport entre les deux procès : Paul ne dort pas parce qu'il a peur de l'orage.

→ Simultanéité au contact :
  ✦ *Pierre sort de chez lui lorsqu'il reçoit une peau de banane sur la tête.*

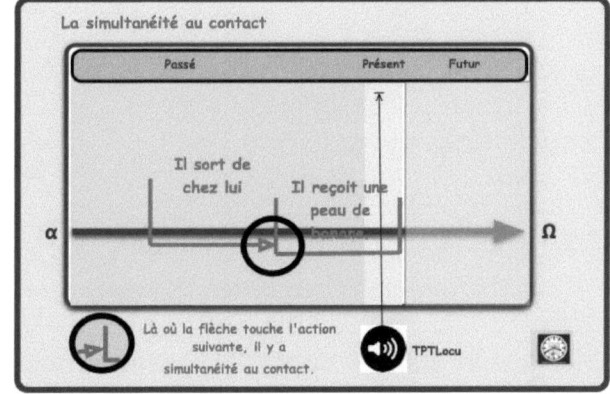

Ici, Pierre n'a pas fini de sortir lorsqu'il reçoit une peau de banane sur la tête. Les deux actions sont simultanées au moins à leur contact, le peu de temps où elles ont lieu ensemble. Ce n'est pas la même chose que : *il sort de chez lui, puis, reçoit une peau de banane sur la tête.* Dans le premier cas, la peau de banane venait sans doute de l'un des étages de la maison, jetée par un fainéant qui ne voulait pas se donner la peine d'aller mettre la peau dans une poubelle. Dans le deuxième, d'autres solutions sont à envisager, surtout s'il a déjà fait une vingtaine de pas avant de recevoir la peau de banane sur la tête. Alors, le lanceur de banane a dû se donner beaucoup de mal pour l'atteindre.

→ B remplace A (autrefois / aujourd'hui) : Beaucoup de gens aiment comparer autrefois avec aujourd'hui. Voyons un exemple :
  ✦ *Autrefois, les gens étaient polis. Aujourd'hui, ce n'est plus le cas.*

Le locuteur fait comme si *aujourd'hui* remplaçait *autrefois*. Les deux situations sont présentées comme étant en contact, puisque lorsqu'aujourd'hui (action B) arrive, autrefois (Action A) est encore là. La seule différence entre le cas précédent (*Pierre sort de chez lui lorsqu'il reçoit une peau de banane sur la tête*) et celui-ci, c'est le point de vue. Dans le premier cas, l'action B surprend l'action A. Dans le second cas, elle la remplace, après l'avoir touchée.

2.2.1.4.2.1.3 Antériorité de « A » sur « B »

  ✦ *Une fois qu'il a mangé, il va se coucher.*

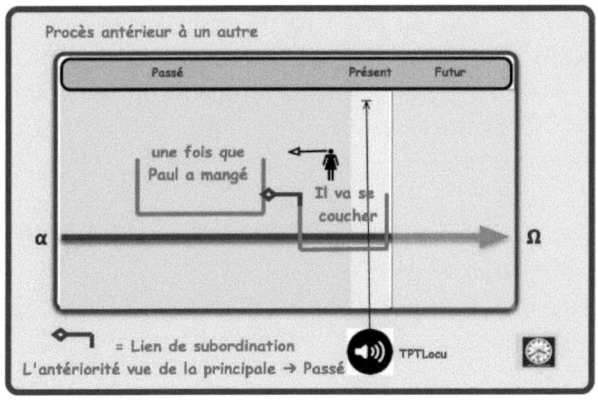

Comme pour la postériorité et la simultanéité, l'antériorité peut être fortuite ou déclarée. Mais nous allons y ajouter une antériorité, l'antériorité éloignée, qui interviendra dans le cas de l'emploi du plus-que-parfait quand nous étudierons l'imparfait.

Vue de la principale, la subordonnée, qui a eu lieu avant et qui est donc antérieure, est dans le passé.

Découvrons les traits pertinents temporels

→ Antériorité fortuite
  ✦ *Lorsqu'il part pour l'école, j'ai déjà mangé.*
Il n'y a aucun rapport logique entre les deux procès.
→ Antériorité soulignée
  ✦ *Dès que les parents sont partis, les enfants font des bêtises.*
Dans ce deuxième exemple, il y a un rapport logique entre les deux procès. On sait bien que lorsqu'ils ne sont plus tenus par les parents, les enfants font souvent ce qu'ils veulent. La balise temporelle, la locution conjonctive « **dès que** », montre qu'ils commenkcent juste après le départ de leurs géniteurs.
→ Antériorité éloignée
  ✦ *Mon voisin a été arrêté ce matin. Il avait posé des bombes dans sa jeunesse.*
Pour expliquer l'arrestation du voisin, on est obligé de remonter le temps jusqu'à une époque reculée, qui se situe hors de l'histoire de l'arrestation. Le plus-que-parfait exprime cette antériorité éloignée.

2.2.1.4.2.1.4 Procès en série simple

✦ *A la Toussaint, elle achète des fleurs, va au cimetière et se recueille sur la tombe de ses parents.*

Les procès se suivent, avec un lien logique non explicite. Ici, c'est parce que c'est la Toussaint qu'elle fait tout cela. La caractéristique principale, c'est que les procès se suivent sans que l'on souligne des liens d'antériorité, de postériorité ni de simultanéité. On se contente de les présenter dans l'ordre chronologique, sans en privilégier aucun.
En outre, la balise *à la Toussaint* nous montre que la série se répète régulièrement (comme : *le dimanche, le jour de la fête des mères* etc.).

2.2.1.4.2.1.5 La balise est un autre procès implicite

La balise est implicite, et n'est pas formulée.
✦ *En retard, il ne fit pas sa toilette, ne déjeuna pas et courut tout le long du chemin.*
« En retard » évoque le fait que c'est lui qui est en retard, avec tous les risques que cela comporte quand on arrive en retard à l'école.

> ● **Nous en déduirons notre quatrième TPT : la référence à un autre procès**
> **Celui-ci peut prendre les valeurs :**
> ➤ **Procès sans balise (constant, délimité unique)**
> ➤ **Procès avec balise temporelle (fixe, périodique)**
> ➤ **Procès se référant à un autre procès servant de balise**
>   ○ Antériorité fortuite, antériorité soulignée ou antériorité éloignée
>   ○ Simultanéité fortuite, simultanéité soulignée, simultanéité au contact, B remplace A
>   ○ Postériorité fortuite ou postériorité soulignée
> ➤ **Procès en série simple (Procès au même temps)**
> ➤ **Balise : procès implicite**

2.2.1.5 Les types de procès individuels ou en série. (Tpt5)

Un procès peut avoir lieu seul, c'est-à-dire sans être lié à d'autres procès, ou en série, et donc, avec un lien explicite ou implicite avec ces autres procès.

2.2.1.5.1 Procès individuel

✦ *La voiture sort de l'autoroute.*

On nous annonce ici qu'une voiture quitte une autoroute, sans nous préciser le contexte, ni la cause, ni le but ou les conséquences qui s'ensuivent.

2.2.1.5.2 Procès en série

Il arrive souvent que les procès soient présentés dans une série, rendus solidaires par un lien selon les cas implicites ou explicites. Dans ce cas, c'est un procès qui déclenche la série et qui sert à replacer la série dans le temps.

2.2.1.5.2.1 Procès lié temporellement à un autre procès

✦ *A la Toussaint, elle achète des fleurs, va au cimetière et se recueille sur la tombe de ses parents.*

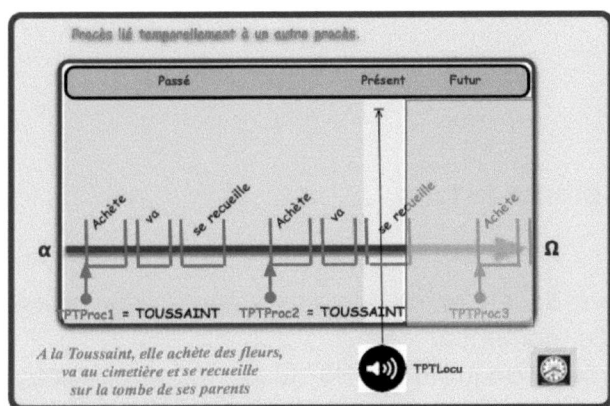

Ici, les procès ont un lien temporel, puisqu'ils se succèdent dans le temps. De plus, on peut trouver un lien logique correspondant au scénario : *Toussaint → hommage aux morts de la famille, avec fleurs et recueillement.* Ce lien n'est pas explicite, mais si l'on connaît le scénario esquissé ici, on comprend le lien logique implicite entre la Toussaint et le comportement de cette personne.

L'intérêt de la série, c'est de montrer un groupe de procès qui fonctionnent ensemble selon un certain scénario.

Il arrive souvent que l'on se serve de la série de procès lorsque ceux-ci se répètent. Ici, la balise temporelle est *la Toussaint*, un jour férié qui revient chaque année le 1er Novembre et réveille chez beaucoup de Français le regret de la perte de leurs proches.

2.2.1.5.2.2 Procès déclenché par un autre procès

Il arrive que, dans une série de procès, l'un d'entre eux serve de déclencheur à la série, les autres procès découlant de celui-ci.

✦ *Quand elle entend cette chanson, elle est prise d' une forte émotion et se met à pleurer.*

L'action d'entendre la chanson est le déclencheur de l'émotion, elle-même déclencheur des pleurs.

Notez sur le graphique la fenêtre dont le repère TpTFen est situé dans le présent. Cette fenêtre montre dans quel cadre la série peut se reproduire. (Cf. 7.1.1.6)

Nous verrons l'importance de ce trait pertinent lorsque nous nous intéresserons aux temps simples du passé, et que nous essaierons d'expliquer l'emploi de ces temps comme dans les deux exemples suivants :

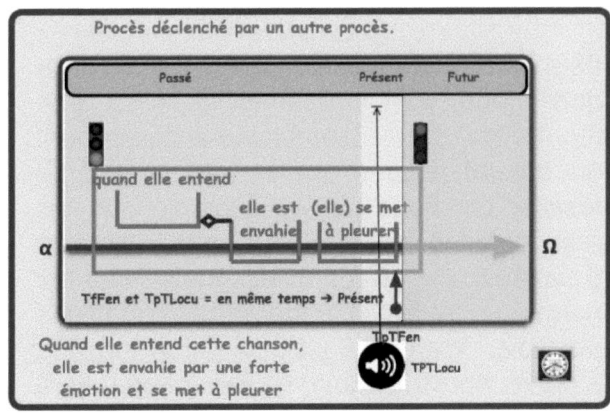

✦ *Toute sa vie, quand elle <u>entendit</u> cette chanson, elle <u>fut envahie</u> par une forte émotion et se mit à pleurer.*

Découvrons les traits pertinents temporels

✦ *Quand elle <u>entendait</u> cette chanson, elle <u>était envahie</u> par une forte émotion et se <u>mettait</u> à pleurer. Un jour, elle <u>consulta</u> un psychologue dans l'espoir de guérir de cette maladie.*

Les procès *entendre la chanson, être envahie* **et** *se mettre à pleurer* **forment un train, c'est-à-dire une série de procès qui sont en rapport logique. Le principe d'un train, c'est que tous les procès qui le constituent sont solidaires et sont au même temps. En outre, ils sont déclenchés par un procès déclencheur, qui sert de locomotive à ce train dons les procès induits constituent les wagons**

Dans le premier cas, la chanson déclenche l'émotion. La fenêtre est ouverte et se referme avant que quelque chose de nouveau n'arrive. C'est ce qui explique l'emploi du passé simple.
Dans le deuxième cas, la chanson déclenche l'émotion. La fenêtre est ouverte. Elle l'est encore lorsqu'elle va chez un psychologue. C'est ce qui explique l'emploi de l'imparfait.

> ● **Récapitulation de notre cinquième TPT : le type de procès**
> **Celui-ci peut prendre les valeurs :**
> ➢ **Procès individuel**
> ➢ **Procès en série**
>   o **Procès liés temporellement**
>   o **Procès déclenchant suivi de procès induits.**

2.2.1.6 Fenêtre et procès latent (Tpt6)

On pense toujours qu'un procès a un début et une fin. Or, on peut très bien évoquer un procès au présent sans qu'il ait obligatoirement lieu à ce moment-là.
Par exemple, lorsque quelqu'un nous dit à Marseille en juillet par 38° C qu'*il fait du ski*, nous sommes bien obligés de le croire s'il veut dire par là qu'*il sait skier*, car il n'a pas besoin d'avoir de la neige ni des skis aux pieds pour savoir skier. **Nous pouvons nous imaginer que lorsque toutes les conditions sont réunies, alors, il fait du ski.**

2.2.1.6.1 Notion de procès latent.

Disons que le jour où il sait faire du ski s'ouvre une fenêtre, qu'un signal passe au vert, qui exprime simplement que le procès *je fais du ski* peut démarrer à tout moment.
C'est donc une sorte de procès qui peut s'activer à tout moment, mais qui, la plus grande partie du temps, ne se manifeste pas tel le virus de la varicelle, nommé virus varicelle-zona (VZV), qui se cache dans votre corps et qui, lorsque vous êtes adulte, attend le bon moment pour frapper en déclenchant un zona. Si les conditions ne sont jamais réunies, alors, il restera latent et disparaîtra avec le décès de son hôte.

Il y a plusieurs sortes de fenêtres, mais celle dont nous voulons parler ici, c'est une *fenêtre temporelle* semblable à celles dont on entend souvent parler lors de tirs de fusées. On nous dit par exemple que les responsables ont prévu une fenêtre allant du 6 juin au 8 juin, au cours de laquelle la météo permet un tir dans les meilleures conditions possible. Avant le 6 juin, ce serait trop tôt, alors qu'après le 8 juin, ce serait trop tard. Il faudrait alors attendre une nouvelle fenêtre favorable.

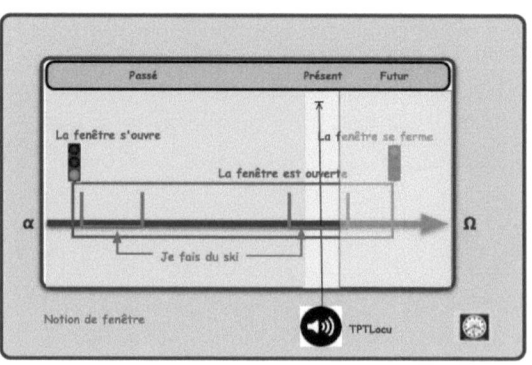

Cette fameuse fenêtre permet, aussi longtemps qu'elle reste ouverte, un tir de la fusée. Nous ne savons pas si un tir aura lieu, mais la probabilité qu'il y en ait un est grande.

Sur le graphique, nous avons prévu un signal, comme un feu rouge ou vert, lié à un procès, et précisant par un feu vert que la fenêtre s'ouvre, alors que le feu rouge nous avertit de ce qu'elle est fermée. Nous devons donc savoir de quel procès on parle, quand la fenêtre s'ouvre, quand elle est ouverte et quand elle se ferme, interdisant alors dans ce dernier cas une nouvelle survenue de cette action.

2.2.1.6.2 Les éléments en présence,

Il y a d'abord la fenêtre, qui permet aux procès de se répéter.

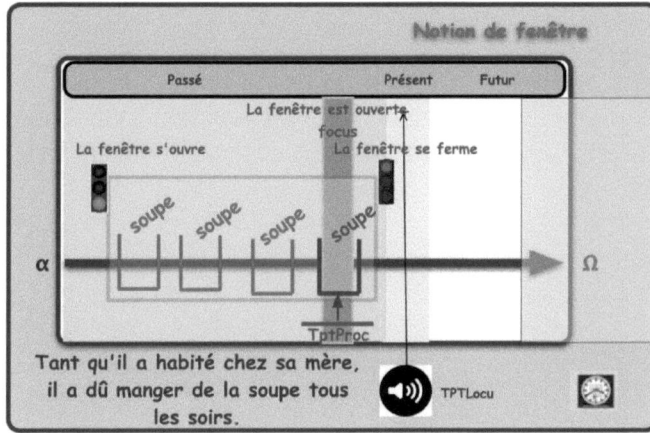

Il y a les occurrences de procès :
- Le procès ouvrant
- Les procès suivants, qui sont des répétitions du procès ouvrant, et que l'on peut numéroter ou classer par date.
- Éventuellement le procès fermant.

Quand on écrit ou que l'on parle, on met le focus sur l'une quelconque de ces occurrences, ou sur plusieurs :

✦ *Tant qu'il a habité chez sa mère, il a dû manger de la soupe tous les soirs. A l'âge de 18 ans, il a quitté la maison, jurant de ne plus jamais en manger.*

Nous avons là une répétition : *tous les jours, jusqu'à l'âge de 18 ans.*

On met le focus sur la fois où il a eu 18 ans. Étant désormais majeur, il estimait ne plus avoir à en manger. **Ce jour-là, il a fermé la fenêtre temporelle.**

2.2.1.6.3 Les étapes de l'emploi d'une fenêtre.

La fenêtre ouverte contient toutes les occurrences des procès qui ont eu lieu depuis l'ouverture. En général, le texte met le focus sur une des occurrences. Le focus est déterminé par le repère TptProc.

On peut aussi considérer l'ensemble de toutes les occurrences. Partons d'un exemple :

✦ *Un jour, Pierre prend peur dans un ascenseur qui se bloque entre deux étages. Il découvre alors qu'il est claustrophobe. A partir de ce moment, il refuse de monter dans un ascenseur et il est pris de panique si on l'oblige à monter dans la cabine.*

- Le **procès ouvrant**, c'est bien sûr le blocage dans l'ascenseur. A partir de ce jour, il refuse de monter dans cette sorte d'engin.
- Les **procès induits** sont le refus de monter dans l'ascenseur et la panique qu'il ressent lorsqu'on l'oblige à y monter parce qu'il a peur que le procès se répète avec les conséquences qu'il a déjà vécues.
- Enfin, **l'élément fermant** pourrait être le décès de Pierre ou une visite chez un psychologue, à condition que celui-ci le guérisse de sa phobie. On pourrait aussi lui interdire d'utiliser des ascenseurs, ou au moins lui conseiller de ne fréquenter que les immeubles qui en sont démunis.

Le repère **TptProc** est utilisé pour montrer de quelle occurrence il s'agit.

L'intérêt de repérer l'existence de la fenêtre, c'est de pouvoir s'attendre à ce qu'une action dont la fenêtre est ouverte puisse survenir, sans que l'on sache à l'avance si elle aura lieu ou non.

Découvrons les traits pertinents temporels

Dans la réalité, il n'y a pas de feu vert ou de feu rouge annonciateurs. C'est à l'usage que l'on se rend compte qu'il y a répétition. On peut alors reconstituer le début et retrouver ainsi le moment de l'ouverture de la fenêtre

Il faut encore remarquer que les procès qui se répètent ne le font pas à l'identique. Ce n'est pas la même série qui revient, mais une nouvelle occurrence qui peut être différente, même si le résultat est le même. Comme disait **Héraclite**, on ne se baigne jamais deux fois dans le même fleuve. En effet, l'eau de la première occurrence n'est plus la même pour la deuxième.

Par exemple :
+ *Chaque fois que je joue au poker, j'écrase mes adversaires et je gagne.*

Ainsi, même si vous gagnez chaque fois au poker, les cartes qui ont été distribuées sont chaque fois différentes, vos adversaires peut-être aussi, mais le résultat reste le même : vous gagnez.

Une fenêtre peut s'appliquer à des faits passés.
→+ *Tous les samedis, Jules prenait le train pour Monte-Carlo et allait jouer sa paie au Casino. Comme il misait aussi l'argent du retour, il se retrouvait les poches vides et rentrait à Nice en stop, jusqu'au jour où il décida de se faire interdire de jeu au Casino.*

Nous avons ici une fenêtre qui s'ouvre la première fois qu'il va jouer au Casino de Monte-Carlo. Le train est une série de procès qui sont logiquement liés entre eux :
Prenait le train, *allait jouer*, *misait aussi l'argent du retour*, *se retrouvait les poches vides*, **rentrait en stop**. Les procès sont tous à l'imparfait parce que la fenêtre permettant qu'ils se reproduisent est encore ouverte au moment où il prend la décision de se faire interdire de jeu. Il y a ici une simultanéité au contact entre la fenêtre et la décision de la fermer (interdiction).

→+ *Tout le temps où il habita à Nice, Jules prit tous les samedis, le train pour Monte-Carlo et alla jouer sa paie au Casino, y compris l'argent du retour. Il se retrouva donc les poches vides et rentra à Nice en stop.*

Ici aussi, la fenêtre s'ouvre la première fois qu'il va jouer au Casino à Monte Carlo. Le train est une série de procès qui sont logiquement liés entre eux :
Prit le train, *alla jouer*, *se retrouva les poches vides*, *rentra en stop*. Les procès sont tous au passé simple parce que la fenêtre se ferme d'elle-même avant qu'un nouveau procès n'arrive. Peut-être a-t-il déménagé, si bien qu'il vit désormais loin de Monte-Carlo ?

2.2.1.6.4 Reconnaître et évaluer une fenêtre temporelle

Une fenêtre est définie par un plusieurs paramètres dont nous connaissons déjà certains.
- ➢ L'ouverture de la fenêtre temporelle doit être déclenchée.
- ➢ La fenêtre doit être reconnue comme telle.
- ➢ Elle fonctionne un certain temps.
- ➢ Elle peut se refermer ou non.

2.2.1.6.4.1 L'ouverture de la fenêtre doit être déclenchée.

Qu'est-ce qui déclenche l'ouverture d'une fenêtre ? Nous avons défini une fenêtre temporelle comme une période pendant laquelle un procès, une série de procès ou un train de procès est susceptible de se répéter.

A. D'abord, un procès peut nous renseigner sur un fait qui remplit le temps. Ainsi, il n'y a pas de place pour une répétition :
+ *La Terre tourne autour du soleil.*

Elle le fait tout le temps, sans s'arrêter, à vitesse constante.

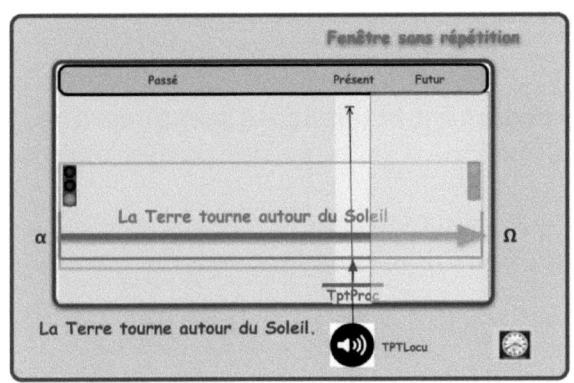

Bien sûr, on peut chipoter : la Terre n'a pas toujours existé. Le Soleil lui-même non plus. Mais si l'on est réaliste, cela fait 4,47 milliards d'années que notre astre s'est formé, et même si l'on ne peut pas préjuger du futur, les probabilités sont grandes pour que ce fait soit vrai jusqu'à la fin de très nombreuses générations d'humains. Admettons donc que, vu à notre échelle d'humains fragiles et mortels, ce procès peut être qualifié de vérité générale.

B. L'étude des balises temporelles peut nous aider à identifier une fenêtre temporelle.
Elles peuvent nous en donner les limites :
→ Soit en nous précisant le début et la fin :
✦ *De 1843 à 1845, Marx vécut à Paris.*
→ Soit en nous précisant le début ou la fin, nous laissant le soin de comprendre que l'on a affaire à une fenêtre :
✦ « <u>*À l'automne 1843*</u>, *fuyant la censure prussienne, Marx s'installe à Paris.* » (Wikipedia) Donc **à partir de 1843**, Marx vit à Paris. Une fenêtre s'ouvre.
✦ « *Marx, considéré comme un dangereux révolutionnaire, est chassé de Paris <u>en 1845</u> par le président du Conseil, Guizot.* » (Wikipedia : Karl Marx)
Donc, Marx, qui a vécu à Paris **jusqu'en 1845**, quitte la ville. Une fenêtre se ferme.

C. On précise une période :
✦ *Pendant son séjour à Paris, Marx prend « une part active dans la vie alors bouillonnante des groupes révolutionnaires parisiens ».* (Wikipedia : Karl Marx)
Pendant son séjour à Paris découpe une tranche de la vie de Marx pendant laquelle il travaille dans des groupes révolutionnaires.

2.2.1.6.4.2 Elle doit être reconnue comme telle.
A. Ce n'est pas parce qu'on a défini des limites que l'on a une fenêtre.
✦ *Pendant son enfance, Landru fut un délicieux enfant. Il est donc difficile de comprendre comment ce gentil poupon a pu devenir un tueur multirécidiviste.*
Il y a bien une balise *pendant son enfance*, qui pourrait délimiter une fenêtre. Mais pour qu'il y ait une fenêtre, il y a une deuxième condition à remplir : il faut qu'il y ait une répétition. Or, ici, le procès *Landru fut un délicieux enfant* remplit complètement le temps de l'enfance. Il n'y a donc aucune place pour une répétition, et par conséquent, nous n'avons pas de fenêtre temporelle.
En revanche, dans l'exemple suivant, il y a une fenêtre :
✦ ***A l'époque où il habitait sa maison de Gamblay***, *Landru réussit à attirer 6 femmes.* ***Chaque fois***, *il mettait une annonce matrimoniale dans le journal. Lorsqu'une dame intéressante se manifestait, il l'invitait au restaurant, l'attirait dans sa maison, et lorsqu'elle lui avait signé une procuration sur ses comptes, il récupérait l'argent, la tuait, et faisait brûler son corps dans sa cuisinière. Un jour, les voisins se plaignirent de la mauvaise odeur de brûlé. La police enquêta sur l'affaire et l'arrêta.*
La balise *à l'époque où il habitait sa maison de Gamblay* délimite l'époque qui entre en ligne de compte. Les balises *6 femmes* et *chaque fois* montrent qu'il y a répétition. La fenêtre se referme le jour où, sur la plainte de ses voisins, la police enquête et l'arrête.

Découvrons les traits pertinents temporels

 Retenons : *Pour qu'il y ait une fenêtre, il faut qu'il y ait des procès qui se répètent. Une balise peut délimiter le temps d'ouverture, mais ne suffit pas à faire de l'événement une fenêtre.*

B. Si la fenêtre ne s'accompagne pas de balise délimitant le temps de son ouverture, il faut attendre la première répétition, c'est-à-dire la seconde occurrence des procès analysés pour savoir qu'une fenêtre a été ouverte.

Si Landru s'était arrêté au premier meurtre, la fenêtre n'aurait pas été ouverte. A partir du moment où il trucide deux femmes ou plus, il y a répétition, donc, une fenêtre a été ouverte.

2.2.1.6.4.3 Elle fonctionne un certain temps.

En général, une fenêtre ouverte finit par se refermer. Du point de vue des temps, ce qui nous intéresse, c'est de savoir si, quand un procès nouveau arrive, qui ne fait pas partie de la répétition, la fenêtre est ouverte ou fermée. Un autre problème nous intéresse, c'est de savoir comment elle se referme.

A. Une fenêtre peut se fermer « faute de combattants ». Oyez la triste histoire de Julot, piqué par une guêpe :

✦ *Julot a été piqué par une guêpe. Il a ressenti une forte douleur. La zone de la piqûre a enflé, son cœur s'est mis à battre la chamade. Il a même eu envie de vomir. Il présentait donc des signes d'allergie importants.*
Un an plus tard, il a été à nouveau piqué par une guêpe. Cette fois, le choc a été plus fort. Sa mère a appelé les pompiers, qui sont arrivés rapidement. Leur médecin a constaté qu'il avait subi un choc anaphylactique, et que son pronostic vital était engagé. Il lui a fait quelques injections et a ordonné un transport immédiat aux urgences. Julot devait décéder dans la nuit en salle de réanimation.

Nous avons ici une fenêtre, puisqu'il y a eu une répétition.
Il est clair que le décès de Julot referme la fenêtre. Il ne sera jamais plus piqué par une guêpe et n'aura donc plus jamais de réaction allergique.
S'il avait été sauvé, la fenêtre serait restée ouverte, et il aurait dû se méfier des guêpes, car la prochaine piqûre aurait pu lui être fatale.
Cette fenêtre a donc été ***fermée de l'intérieur***.

B. La fenêtre peut aussi se terminer toute seule, si son ouverture a une durée précise.

✦ *Quand il fit un voyage en Espagne, Antoine mangea à Barcelone des fraises et fit une réaction allergique. Il eut des frissons, une éruption de boutons sur tout le corps, un peu de fièvre.*
Une semaine plus tard, la même mésaventure se produisit, cette fois, à Cadaquès.
Il n'avait jamais été allergique aux fraises, mais il fit le rapprochement avec le cas de Barcelone. Comme il avait l'esprit scientifique, il commanda à nouveau des fraises dans le

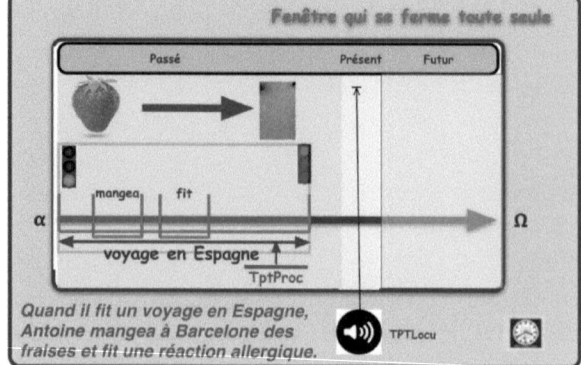

restaurant de l'hôtel, à Madrid. Cette fois-ci encore, il eut une réaction, peut-être un peu plus violente que la fois d'avant.
Pendant deux ans, il renonça à ce fruit dangereux. Et puis un jour, n'y tenant plus, il acheta une barquette de fraises de sa région, qu'il engloutit à lui tout seul. Contrairement à ce que l'on aurait pu penser, il n'eut aucune réaction allergique.
Une collègue lui suggéra qu'il était sans doute allergique aux pesticides que les agriculteurs espagnols déversaient généreusement sur leurs fruits.

Nous avons ici une fenêtre *fraises espagnoles* → *allergie* qui contient un train de procès, puisque le même cas se produit trois fois. La fenêtre est-elle fermée ? Tout dépend d'Antoine. La fenêtre *fraises espagnoles* → *allergie* est fermée si Antoine ne mange plus de fraises espagnoles arrosées de pesticides, la fenêtre peut être **fermée de l'extérieur**, c'est-à-dire en dehors d'une répétition.

2.2.1.6.4.4 Elle peut se refermer ou non.

Comme nous l'avons vu, une fenêtre peut se fermer de l'intérieur ou de l'extérieur.
Lorsque la durée d'ouverture de la fenêtre est fixée, la fenêtre se ferme d'elle-même de l'extérieur.
Mais elle peut aussi être fermée par l'intervention d'un procès qui amène cette fermeture. Ce procès peut intervenir sur l'occurrence actuelle des procès sur laquelle porte le focus.

✦ *Au cours de son douzième marathon, Rachida se dit que cette distance ne lui convenait plus et décida de se mettre au triathlon.*

La répétition est prouvée par la balise *son douzième marathon*. Le focus est mis sur le jour où elle court son douzième. **Et c'est pendant cette course qu'elle constate que 42,195 kilomètres ne lui suffisent plus**. Alors, elle va passer au triathlon (natation+ course à vélo + course à pied). Cette constatation amène donc une décision, laquelle ferme la fenêtre du marathon. Elle n'en courra plus jamais.

Cette décision aurait pu être prise en dehors de la course. Elle aurait pu rentrer chez elle, réfléchir, discuter avec son amie Anna, qui l'accompagne dans ses séances d'entraînement, et prendre sa décision à froid. **Dans ce cas-là, elle aurait fermé la fenêtre hors de l'action.**

Mais on n'est pas obligé de fermer la fenêtre, par exemple, parce que l'on ne peut pas. Parlons un peu d'astronomie :

✦ *Lorsque la Lune passe entre le Soleil et la Terre, les trois astres sont alignés et certaines zones terrestres se retrouvent un moment dans l'ombre. Les habitants de ces régions, s'il y en a, peuvent alors admirer une éclipse de Soleil.*

Nous avons ici une répétition donnée par *Lorsque A, B.* Quand *Lorsque / quand* introduit l'action A (celle qui commence la première), l'accent est mis sur le fait que les deux actions vont ensemble. Chaque fois que la Lune passe entre le Soleil et la Terre, ce qui se passe une fois tous les 28 jours, lors de la nouvelle Lune, elle provoque une zone d'ombre sur la Terre. Il y a donc répétition.
La Terre ayant été formée il y a 4,5 milliards d'années, et la Lune cent millions d'années après, peut-être par la collision de la planète Théia et de la Terre, cela fait donc longtemps que notre fenêtre est ouverte. Elle le restera vraisemblablement jusqu'à disparition de la Lune, de la Terre ou du Soleil. En tout cas, nous n'avons pas le pouvoir de la fermer nous-mêmes. Vu à notre échelle, on peut dire que cette fenêtre est constamment ouverte.

Découvrons les traits pertinents temporels

> ● **Nous avons donc étudié notre sixième TPT : le procès latent.**
> **Celui-ci peut prendre les valeurs :**
>   ➢ **Absence de procès latent (individuel ou en série)**
>   ➢ **Existence de procès latent (individuel ou en série)**
>   ○ **Procès activant**
>   ○ **Procès suivant**
>   ○ **Procès fermant**

2.2.1.7 Partie visée du procès (Tpt7)

Lorsque l'on évoque un procès, qu'il soit individuel ou en série, il faut savoir laquelle de ses parties nous intéresse. Cela peut être :
➢ Le moment juste avant le début du procès.
➢ Le début du procès.
➢ Le corps du procès.
➢ La fin du procès.
➢ Le moment juste avant la fin du procès.
➢ L'ensemble du procès.
➢ Le moment juste après la fin du procès

2.2.1.7.1 Le moment intéressant se trouve situé juste avant le début du procès.

On emploie alors souvent une forme telle que le futur proche, qui se compose d'*aller* conjugué, suivi de l'infinitif du verbe exprimant le procès. On peut aussi employer une tournure temporelle telle *qu'être sur le point de + Inf*.
Étudions quelques exemples.

✦ *Elle va le quitter.*

Le verbe *aller* au présent montre que, dans sa tête, la décision a été prise et que, donc, elle va vraiment le faire. Et que va-elle faire ? *Le quitter* dans un avenir proche. Donc, la décision est prise, et vaut donc aujourd'hui, d'où le présent, alors que le procès de le quitter est encore dans le futur, avec une forte chance de se réaliser.
Au passé, nous aurons

✦ *Elle allait le quitter.*

L'imparfait, lui, montre que, dans sa tête, elle a encore l'intention de le quitter au moment où des événements surviennent. Par exemple :

✦ *Elle allait le quitter lorsqu'il décida de s'engager dans la légion étrangère.*

Elle n'a plus besoin de le quitter puisqu'il a eu l'élégance de s'engager avant qu'elle ne le quitte, ce qu'elle avait encore l'intention de faire.
Notez : *Aller + Infinitif* dans le sens du futur proche ne s'emploie qu'au présent et à l'imparfait

✦ *Ils sont sur le point de se marier.*

Ici, nous sommes à peu de temps avant le mariage, prévu à une date très proche, mais dans le futur.
Comme nous le savons depuis longtemps, la réalisation d'un procès prévu pour avoir lieu dans le futur n'est pas garantie.

Ainsi dans :

✦ *Ils étaient sur le point de se marier lorsqu'elle tomba amoureuse d'un joueur de football. Elle s'enfuit avec son footballeur avant la cérémonie.*

Ici, *sur le point de se marier* signifie que les proches avaient déjà été invités, le repas commandé, la salle retenue pour le grand jour, les alliances achetées et que, quelques heures avant la cérémonie, ne voilà-t-il pas qu'elle tombe amoureuse d'un footballeur, ce qui réduit le projet imminent du mariage à néant.

2.2.1.7.2 Le début du procès

➔ L'important, ici, est que le procès se mette en route. Le début d'un procès peut être souligné par une expression contenant comme verbe introducteur *se mettre à, commencer à + Inf.*

 ✦ *Il se met à crier chaque fois qu'on le critique.*

Ce qui nous intéresse, c'est le début de l'action de crier, qui montre que sa réaction à la critique entraîne le procès de crier. Peu nous importe ce qu'il crie ou combien de temps il crie. Il nous suffit de savoir qu'il a commencé à crier.

➔ Le début du procès peut être implicite :
 ✦ *Comme il faisait froid dehors, il entra.*

Si l'on part du principe qu'*entrer*, c'est quitter le dehors pour aller à l'intérieur, on peut diviser le procès en deux parties.
Phase 1 : On met un pied à l'intérieur.
Phase 2 : on met le deuxième pied à l'intérieur.
Dans la phase 1, les témoins à l'extérieur voient la personne commencer à entrer.
Dans la phase 2, les témoins à l'intérieur voient la fin du procès.

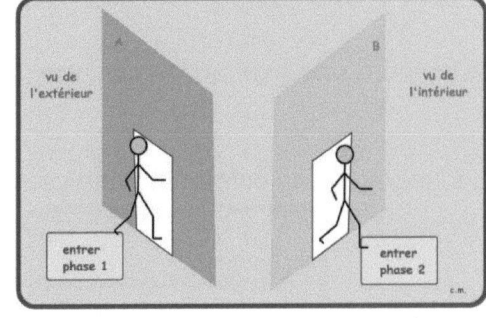

Dans notre exemple, ce qui nous intéresse, c'est que, à cause du froid, il ne reste pas dehors, et il nous suffit de le voir dans la phase 1. C'est donc le début qui nous intéresse. Ce qui se passe à l'intérieur, phase 2 et après, ne nous intéresse pas.

2.2.1.7.3 Le corps du procès

D'autres fois, nous voulons surprendre le procès en pleine action.

 ✦ *Elle est en train de tricoter un pullover pour son chien.*

Peu nous importe quand elle a commencé, ou quand cela se terminera. Ce qui nous intéresse, c'est de la voir tricoter un pull pour son chien.

2.2.1.7.4 La fin du procès

➔ Quelquefois, c'est la fin du procès qui nous intéresse. Par exemple, lorsque vous avez fait refaire votre salle-de-bain, que vous avez-dû supporter les retards du plombier, les absences des peintres, la mauvaise humeur de l'électricien, vous serez ravi d'apprendre la fin prochaine des travaux.

 ✦ *Les travaux sont en voie d'achèvement.*
 ✦ *Les travaux sont dans leur phase finale.*
 ✦ *Les travaux sont sur le point de s'achever.*
 ✦ *Les travaux sont quasiment terminés.*

Découvrons les traits pertinents temporels

→ A part *sur le point de*, que nous connaissons déjà, il faut avoir recours à la sémantique du verbe pour exprimer la fin du procès.

D'ailleurs, nous pouvons argumenter que *sur le point de s'achever* exprime que l'on est très proche du début d'un autre procès, l'achèvement des travaux. Et s'ils s'achèvent, c'est bien de la fin des travaux qu'il s'agit.

Dans les autres cas, on emploie des expressions qui montrent que l'on arrive à la fin d'un procès.

→ Si l'on reprend l'exemple discuté plus haut sur le procès *entrer*, on peut avoir aussi une fin implicite d'un procès. Dans la phase 2 d'*entrer*, ce n'est pas le début mais la fin qui intéresse les témoins placés à l'intérieur : maintenant, le voilà dedans, alors qu'au début, il était encore dehors. Cela implique donc la fin du procès d'*entrer*.

2.2.1.7.5 Le moment juste après la fin du procès.

Le moment intéressant se trouve situé juste après la fin du procès, lorsque le résultat est atteint. On emploie alors souvent une forme telle que le passé immédiat, qui se compose de *venir* conjugué, suivi de l'infinitif du verbe *s'achever* exprimant le procès.

✦ *Les travaux viennent de s'achever.*

On peut aussi utiliser un adverbe montrant la fin proche du procès

✦ *Les travaux se sont achevés récemment.*

Ou encore une expression quelconque décrivant ce moment-là

✦ *Les travaux se sont achevés il y a peu de temps.*

Récapitulons les différentes parties sur un graphique :

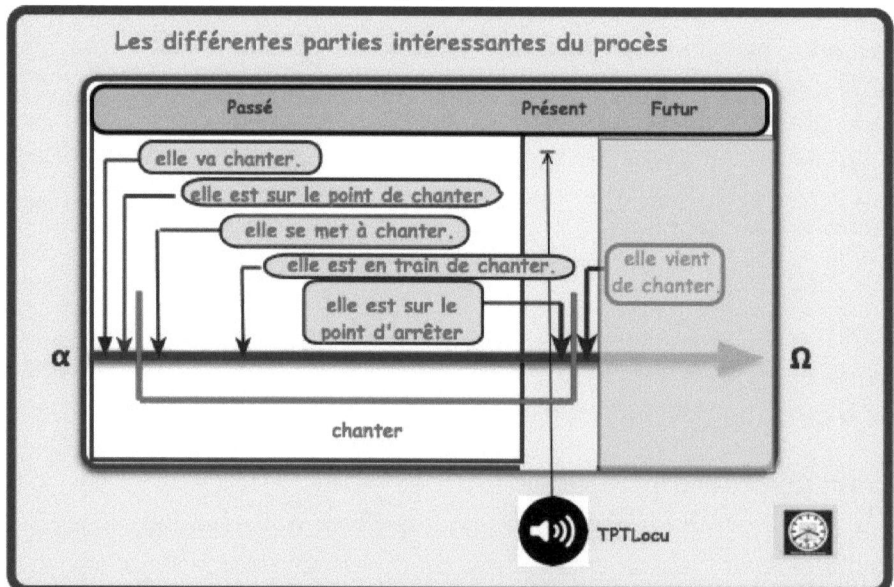

2.2.1.7.6 L'ensemble du procès

Dans les autres cas, c'est l'ensemble du procès qui nous intéresse. Celui-ci a lieu jusqu'au bout et produit un résultat. Ce qui nous importe, c'est le procès pris dans sa globalité.

C'est ce que l'on trouve par exemple dans les séries, ou chaque procès commence, se déroule et se termine avant que le suivant ne commence :

✦ *Elle prit le colis sans précaution, défit le nœud de la ficelle, déchira le papier éventra le carton et en sortit un foulard.*

Chacun de ces procès correspond à notre définition. Notons qu'elle aurait pu aussi bien prendre un couteau et éventrer le colis sans enlever ni la ficelle, ni le papier. Mais même si elle ouvre ce colis avec une certaine brutalité, celle-ci ne va pas jusqu'à lui permettre de brûler les étapes.

C'est ce que l'on trouve aussi dans les cas où un procès doit être terminé pour que le suivant commence.

✦ *Elle tricota un pullover, cousit une broderie toute prête sur le devant, mit le tout dans une boîte qu'elle plaça dans son armoire.*

Dans cet exemple, chaque étape doit être terminée pour que la suivante puisse commencer.

> ● **Récapitulons Notre septième TPT : la partie utile du procès .**
>
> **Celui-ci peut prendre les valeurs :**
> - **Le moment juste avant le début du procès.**
> - **Le début du procès.**
> - **Le corps du procès.**
> - **La fin du procès.**
> - **Le moment juste après la fin du procès.**
> - **L'ensemble du procès.**

2.2.1.8 La durée du procès (Tpt8)

La durée d'un procès est souvent indiquée par des balises temporelles désignant le moment du début et / ou de la fin.

2.2.1.8.1 Verbes bascules ou instantanés

✦ *Il regarde dans le frigo s'il y a encore du beurre.*

Ici, le verbe *regarder* est employé comme verbe bascule (cf. {Meunier 2014}). Cela veut dire qu'en réalisant le procès, on bascule instantanément d'une situation A dans une situation B. Par exemple, quand vous appuyez sur l'interrupteur de votre cuisine (verbe instantané), la lampe passe de la situation éteinte à la situation allumée.

Lorsque Monsieur Cro-Magnon voulait faire de la lumière dans sa caverne, il était obligé d'allumer un feu de bois en frottant deux éclats de silex, ce qui lui prenait du temps.

L'intérêt de ce trait pertinent de la durée, c'est de faire la différence entre les verbes instantanés et les verbes duratifs.

Ainsi :

n° verbe	Verbe	verbe instantané	verbe duratif
Verbe 1	Allumer qc	Elle allume la lampe.	Elle allume le barbecue
Verbe 2	Regarder qc/qn	Regarde un peu s'il y a du lait.	Tu regardes la télévision.
Verbe 3	Ecouter qc/qn	Ecoute un peu ces cigales	J'écoute une symphonie.
Verbe 4	Réfléchir/penser à qc	Réfléchis un peu !	J'ai pensé à acheter le pain.

Pour le verbe 1, c'est la technique utilisée qui permet de choisir entre la version instantanée et la version durative.

Dans les trois autres cas, le verbe instantané correspond à « mettre le système en marche » :
- *regarder un peu* → activer les yeux, au cas où il y aurait quelque chose à voir.
- *écouter un peu* → activer l'ouïe, au cas où il y aurait quelque chose à entendre.
- *réfléchir un peu* → activer le cerveau, au cas où il y aurait matière à réfléchir.

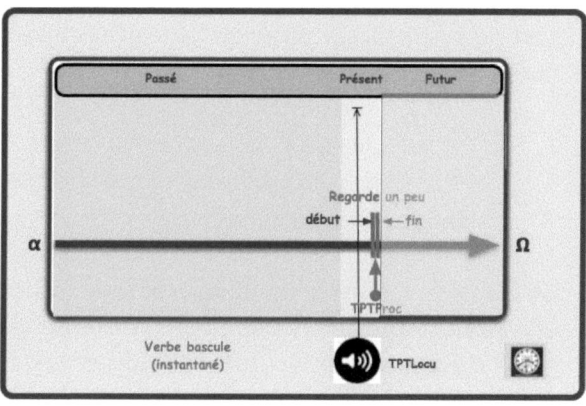

Découvrons les traits pertinents temporels

Pour les verbes duratifs, la durée peut être variable, selon les cas.

Notons que pour les verbes instantanés, il est impossible de faire commencer un nouveau procès entre le début et la fin du procès qu'ils relatent, puisque ce dernier, à peine a-t-il commencé qu'il est déjà fini.
Notons que le même verbe « *regarder* » a deux emplois, l'un instantané, l'autre duratif.
Ceci vaut pour tous les verbes bascules. C'est le contexte qui nous montre si l'on a affaire à un cas ou à l'autre.

2.2.1.8.2 Rapidité d'exécution (antériorité par rapport à procès-joker virtuel)
Voici un exemple un peu plus dur à suivre, car il fait appel à un artifice.
✦ *Je l'ai invité pour demain. Il aura tôt fait de venir.*

Ce qui est intéressant, c'est le procès : *il aura tôt fait de venir*.
Ce procès est très bref si l'on en croit le contenu. Mais pour qu'on puisse employer le futur antérieur, il faudrait qu'il y ait un futur simple par rapport auquel le procès « *il aura tôt fait* » serait antérieur. Or nous n'avons rien de tel. Le futur simple est inclus dans l'infinitif *faire*, qui sert de joker en annonçant le verbe *venir* : cette construction donne l'impression que lorsque le verbe à l'infinitif arrive, le joker (ici *tôt fait*) qui se trouve avant le verbe à l'infinitif, vient de se terminer, ce qui donne l'impression que le procès

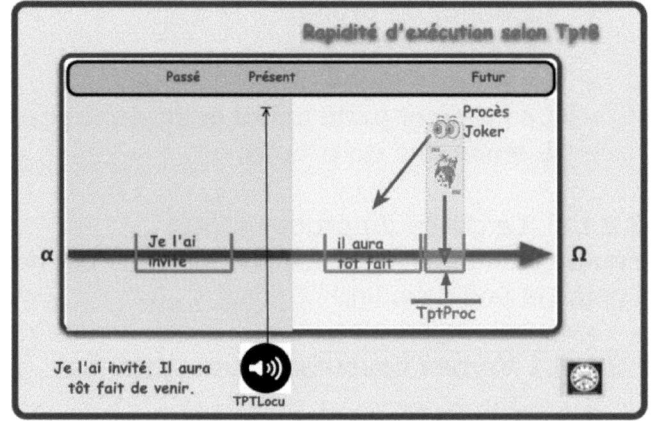

qu'il représente est fini, à peine a-t-il commencé.
Cette méthode s'applique à tous les temps composés de l'indicatif et du futuro-conditionnel, lorsque l'on insiste sur le caractère quasi-instantané du procès, qui, à peine commencé, est déjà terminé : à peine invité, il se dépêchera de venir.

2.2.1.8.3 Verbes duratifs

Le procès dure un certain temps, généralement précisé dans une <u>balise temporelle</u> :

✦ *Ses enfants regardent la télévision <u>toute la journée</u>.*
✦ *Elle passe <u>tout l'hiver</u> dans sa villa de Menton.*
✦ *La pharmacie vous accueille <u>de 8 heures à 20 heures</u>.*

2.2.1.8.4 Verbes sans précision de durée
Lorsque le procès désigne un fait constant, qui occupe tout le temps, ou un procès dont la durée nous est indifférente :

✦ *La Terre tourne autour du soleil. (1)*
✦ *Il travaille à la morgue de l'hôpital (2)*
✦ *Les Pedis mangent des insectes. (3)*

Le premier exemple constitue ce que l'on appelle un présent de vérité générale. Le procès est en cours depuis plus de quatre milliards d'années, et il y a des chances, sauf destruction de l'un des deux astres, que cela dure encore un certain temps, vraisemblablement après la disparition du dernier être humain, tué par la pollution. Il n'y a pas de fenêtre puisque ce procès occupant tout le temps, il n'y a pas de place pour une répétition.

Dans le deuxième, la personne dont on parle travaille aux heures habituelles à la morgue. Comme son action se répète tous les jours ouvrés, la fenêtre (cf : 7.2.1.6. Fenêtres et procès latents) est ouverte, prête à accueillir une nouvelle occurrence du procès.

Dans le troisième, les Pedis (peuple bantou d'Afrique du Sud) ne passent pas leur temps à manger des insectes. Ils le font à l'heure du repas. Là aussi, une fenêtre est ouverte, pour permettre une nouvelle occurrence du procès à tous les repas.

> ● **Récapitulons : Notre huitième TPT : la durée du procès**
> **Celui-ci peut prendre les valeurs :**
>   ➢ **Verbes instantanés (bascules)**
>   ➢ **Rapidité d'exécution avec Joker**
>   ➢ **Verbes duratifs**
>   ➢ **Verbes sans précision de durée**

2.2.1.9 Degré de probabilité de réalisation d'un procès (Tpt9).

Il est intéressant de savoir, lorsque l'on nous parle d'un procès, quelle probabilité il a de se réaliser selon le locuteur. Nous nous limiterons à quatre valeurs, qui devraient nous suffire.
Le degré de probabilité mesure le pourcentage de chances évalué par le locuteur que l'on a qu'un procès se réalise.

- Probabilité 100 = certitude que le procès s'est réalisé, se réalise ou se réalisera.
- Probabilité 50 = une chance sur deux que le procès s'est réalisé, se réalise ou se réalisera.
- Probabilité 10 = très faible chance que le procès se soit réalisé, se réalise ou même puisse se réaliser un jour.
- Probabilité 0 = certitude que le procès ne s'est pas réalisé, ne se réalise pas ou ne se réalisera pas.
- Probabilité naïve (ou c'est bon, ou ce n'est pas bon : pas de quantification.)

2.2.1.9.1 Certitude que le procès s'est réalisé, se réalise ou se réalisera.

✦ *Aznavour chante à l'Olympia.*
✦ *Le président Trump est à Paris.*

A moins que le locuteur ne nous mente, mais il ne nous le dira pas, ces deux informations sont certaines ou du moins présentées comme telles.

2.2.1.9.2 Une chance sur deux que le procès se soit réalisé, se réalise ou se réalisera.

✦ *Si demain il pleut, nous resterons à la maison.*

Une chance sur deux :
   il pleut ➔ *Nous resterons à la maison.*
   Il ne pleut pas ➔ *Nous allons lécher les vitrines.*

Si j'avais regardé le bulletin météo, j'aurais pu en savoir plus sur les probabilités qu'il pleuve ou non. Mais comme je ne l'ai pas vu, j'utilise le système simpliste : *Ou bien il pleut, ou bien il ne pleut pas.* Oui / non = 50/50.

Découvrons les traits pertinents temporels

2.2.1.9.3 Très faible chance que le procès se soit réalisé, se réalise ou se puisse se réaliser un jour.

✦ *Si demain 8 juin il neigeait sur Marseille nous irions faire du ski.*

La probabilité qu'il neige à Marseille le 8 juin est quasiment nulle. Cependant, comme cette information se réfère au futur, je ne peux pas être certain que ce procès n'aura pas lieu. Mais je me doute que les probabilités sont très faibles. C'est ce qu'exprime la combinaison *si + imparfait / Conditionnel présent*.

2.2.1.9.4 Certitude que le procès n'a pas eu, n'a pas lieu, n'aura pas lieu.

✦ *S'il avait plu, nous serions allés chercher des escargots.*

Nous avons affaire ici à la combinaison **si + plus-que-parfait / Conditionnel passé** qui exprime **l'irréel du passé**. Ceci signifie que la condition *s'il avait plu* n'est pas réalisée. Ainsi, nous n'aurons pas droit aux escargots.

2.2.1.9.5 Probabilité naïve : on n'envisage qu'une des parties de l'alternative.

Il y a des cas où la probabilité ne nous intéresse pas en pourcentage. De plus, nous n'envisageons que l'une des possibilités de l'alternative, sans nous occuper de savoir quelles sont nos chances d'avoir raison.

✦ *Il n'est pas venu. Il aura eu un empêchement.*

Peu importent les chances qu'il ait eu un empêchement. Je le suppose, et cela me suffit. De plus, je n'envisage que le cas où il a eu un empêchement. L'alternative ne m'intéresse pas.

> ● **Récapitulons notre neuvième TPT : le degré de probabilité de la réalisation d'un procès**
>
> **Celui-ci peut prendre les valeurs :**
> ➢ **Probabilité 100 = certitude que le procès s'est réalisé, se réalise ou se réalisera.**
> ➢ **Probabilité 50 = une chance sur deux que le procès s'est réalisé, se réalise ou se réalisera.**
> ➢ **Probabilité 10 = très faible chance que le procès se soit réalisé, se réalise ou se puisse se réaliser un jour.**
> ➢ **Probabilité 0 = certitude que le procès ne s'est pas réalisé, ne se réalise pas ou ne se réalisera pas.**
> ➢ **Probabilité naïve (on n'envisage qu'une partie seulement de l'alternative)**

2.2.1.10 Valeur du temps employé (Tpt10)

Lorsque l'on emploie un temps, ce temps peut avoir plusieurs valeurs :
➢ Sa valeur de base.
➢ Une valeur détournée.
➢ Une valeur déviée.
➢ Une valeur grammaticale.

2.2.1.10.1 Valeur de base

Lorsque le procès est employé à un temps qui correspond à la valeur typique de ce temps, on peut dire qu'il est employé à la valeur de base. Étudions deux cas :

Cas n° 1 : Gérard parlant de son père, décédé en 1994 :
- *Papa aussi collectionne les timbres.* Il est repris par sa sœur :
- *Il les collectionnait.* (Imparfait, parce que le fait est passé, et qu'il a duré jusqu'à sa mort. Lorsqu'il est mort, il collectionnait encore les timbres, et s'il n'était pas mort, il les collectionnerait encore.)

L'imparfait de cet exemple est employé avec sa vraie valeur, que nous appelons valeur de base. *L'imparfait est un temps du passé qui désigne un procès passé qui n'est pas encore terminé lorsque le procès suivant commence.* C'est ce que nous avons appelé la **simultanéité au contact, les deux procès étant simultanés lors de leur contact**.

Le présent, lui, correspond à une translation de TNTLocu vers le passé. Il n'est donc pas employé avec sa valeur de base, qui suppose que l'on n'effectue aucune modification, et nous interdit la translation.

Cas n° 2 : Une dame parlant sur France 2 de son fils, parti en Syrie faire le djihad, et dont elle n'a aucune nouvelle depuis trois mois, mais dont elle pense qu'il est encore en vie :
- *Jules aimait beaucoup les voyages.*

L'imparfait (même emploi que ci-dessus) trahit l'inquiétude de la mère, qui considère son fils comme mort. Elle aurait dû dire :
- *Jules aime beaucoup les voyages.*

Dans cet exemple, c'est le présent qui est le temps employé avec sa valeur de base. Au moment où elle parle de lui, sa mère aurait dû dire *Jules aime beaucoup les voyages.*
En effet, jusqu'à preuve du contraire, au moment où elle parle, il est encore en vie et il aime encore les voyages. Ainsi, TNTLocu et TNTProc sont simultanés, et donc, le procès est au présent.

2.2.1.10.2 Les valeurs stylistiques, ou détournées pour un usage personnel :

Le locuteur se sert de l'effet produit par le temps qu'il utilise en le détournant de l'usage habituel. Il emploie ce temps en dehors des habitudes, pour obtenir un effet stylistique et faire ressentir une émotion supplémentaire à son public, ou à ses lecteurs.

C'est souvent le cas pour des artistes, qui veulent ainsi susciter chez leur interlocuteur une réaction, comme celles inattendues rapportées par Johanna Lutteroth dans {Lutteroth 2011}. Joseph Beuys, Professeur à l'Académie des Beaux-arts de Düsseldorf, qui avait préparé une baignoire dans le cadre d'une exposition présentée dans le Château-Musée de Morsbroich, en la décorant de quelques sparadraps, de bandages, et en la tartinant de graisse, eut la surprise de sa vie. Tandis que l'œuvre d'art attendait d'être installée à sa place définitive dans un coin, le 3 novembre 1973, deux femmes de ménage employées dans le Château-Musée, la jugeant sale et indigne du lieu, la nettoyèrent à fond, transformant ainsi une œuvre d'art évaluée à 80 000 DM (= 40 000 €), en une vulgaire baignoire d'occasion.

Les deux dames étaient donc restées insensibles au caractère artistique de cette baignoire. Ainsi, lorsque l'on joue sur le côté artistique de l'emploi inhabituel d'un temps, on risque d'être mal compris, ou de passer pour un béotien. Il en découle qu'il est risqué de décrire des choix de temps artistiques lorsque la base de l'emploi des temps n'est pas connue. L'art ne fonctionne bien qu'entre artistes.

Par exemple, lorsque l'on emploie le présent au lieu d'un temps du passé :
- *En 1214, Philippe-Auguste remporte la bataille de Bouvines.*

On se sert de l'impression que donne le présent, qui exprime que l'on est témoin du procès, en effectuant une translation de TPTLocu, ce qui nous permet de rendre l'interlocuteur témoin, de lui faire revivre la bataille de Bouvines.

Découvrons les traits pertinents temporels

On risque que ceux qui ne connaissent pas ce genre d'usage, croient que le locuteur a fait une faute, se trompant de temps, et ne ressentent pas du tout les impressions visées. Ou alors, votre interlocuteur va croire que Philippe-Auguste est un boxeur et qu'il est en train de remporter une victoire, sans doute un combat.

Autre exemple, cette fois-ci à l'imparfait :
- *Enfin, MariusTrésor* **marquait** *le but de la victoire pour l'OM.*

Le temps demandé devrait être le passé simple :
- *Enfin, MariusTrésor* **marqua** *le but de la victoire pour l'OM.*

Mais si l'on tient compte du fait que les fans de l'OM (Olympique de Marseille) se rongent les ongles depuis le début du match, attendant que leur équipe marque enfin un but, on veut, quand enfin il arrive, profiter plus longtemps de ce but. Au moment où il est marqué, si l'on emploie l'imparfait, on retarde la fin du but, comme on le fait à la télévision avec un ralenti. Comme l'imparfait suppose que lorsqu'un nouveau procès commence, celui qui a déjà commencé ne soit pas encore terminé, mettre « marquer le but à l'imparfait » nous permet de retarder l'arrivée de ce nouveau procès, qui est ici … la fin du but.

2.2.1.10.3 Les valeurs déviées :

Nous avons déjà vu plus haut cet exemple étonnant où l'on peut se demander ce que vient faire le futur simple dans une histoire au présent :
- *Elle est en retard. Elle aura eu un empêchement.*

Il est quasiment impossible d'expliquer ce futur antérieur pour désigner un fait passé. La seule raison plausible, c'est de se souvenir que le futur fait partie du mode futuro-conditionnel. Le conditionnel est employé pour évoquer un procès qui n'a pas été vérifié, et que l'on livre au public sous toute réserve.
- *Le président aurait perdu une chaussure en montant les escaliers.*

L'Elysée n'ayant pas encore confirmé la nouvelle, on la livre sous toute réserve. Au journal télévisé de vingt heures.

Contrairement à la valeur détournée, pour laquelle on se sert de la valeur de base à des fins stylistiques, la valeur déviée est fort éloignée de cette même valeur de base, et correspond plus à une façon de s'exprimer propre à la langue. Le locuteur a le choix de parler banalement : « *On raconte que le président a perdu une chaussure en montant l'escalier* » ou de recourir à la solution déviée qui consiste à employer le conditionnel qui souligne le fait que l'information donnée n'a pas été vérifiée.

2.2.1.10.4 Valeur grammaticale

Il s'agit des cas où le contexte nous oblige à employer un temps, ou à l'éviter. Ainsi :
- *Si tu étais intelligent, tu la comprendrais.*

L'usage du *si* conditionnel nous empêche d'employer le conditionnel présent et nous oblige à utiliser, dans le cas d'un irréel du présent, à sa place, l'imparfait.

Nous ne pouvons donc pas utiliser le temps que nous voudrions, et nous devons nous rabattre sur celui qui nous est imposé par les circonstances.

C'est ce qui arrive aussi dans l'emploi du subjonctif, où la présence d'un certain verbe (a), d'une conjonction (b) ou d'une expression impersonnelle (c) nous obligent à employer le subjonctif.

Exemple :
- *Je <u>veux</u> qu'il vienne (a) <u>pour que</u> je puisse (b) le féliciter, car <u>il est bon</u> qu'il comprenne (c) que je suis satisfait de son travail.*

> ● **Récapitulons notre dixième TPT : la valeur du temps**
>
> **Celui-ci peut prendre les valeurs :**
> ➢ **Valeur de base**
> ➢ **Valeur stylistique (détournée)**
> ➢ **Valeur déviée**
> ➢ **Valeur grammaticale (obligatoire)**

2.2.1.11 Les contraintes obligatoires ou facultatives (Tpt11)

Il y a des cas qui nous obligent à employer un mode, plus rarement un temps, particulier.
Qu'est-ce qui nous gêne dans les exemples suivants :
- * ~~Il est sorti avant que sa mère le punit.~~ (A)
- * ~~Il faut que tu y vas.~~ (B)
- * ~~Je veux que tu fais ce travail toi-même.~~ (C)
- * ~~La directrice lui a interdit d'entrer dans le lycée bien que, demain, elle devra l'y autoriser.~~ (D)
- * ~~C'est la femme la plus extraordinaire que je connais.~~ (E)
- *Je ne pense pas qu'il osera dire à ses parents qu'il les déteste.* (F)

Tous ces exemples contreviennent aux règles de l'emploi du subjonctif à des degrés divers.
Dans l'exemple A, c'est la locution conjonctive ***avant que*** qui demande l'emploi du subjonctif.
Dans B, c'est le verbe introducteur ***il faut*** qui l'exige.
Dans C, c'est également un verbe introducteur, ***je veux***, qui le réclame.
Dans D, *bien que* demande l'emploi du subjonctif. Malheureusement, celui-ci n'a pas de futur, et si le locuteur veut montrer que, dès demain, la directrice sera obligée de faire ce qu'aujourd'hui elle refuse, il devra renoncer à l'expression de ce futur et dire ou écrire *bien que, demain, elle doive l'autoriser*. Si l'on tient absolument à employer le futur, il faudra présenter les choses autrement : *Pourtant, dès demain, elle sera obligée de l'y autoriser*.
Dans l'exemple E, la phrase, telle qu'elle est, signifie que **c'est la femme la plus extraordinaire du monde et que je la connais**. En réalité, le locuteur parle d'une femme, et il en profite pour préciser **qu'il n'en connaît pas de plus extraordinaire**. Et lorsque l'antécédent est précisé par un superlatif (*la plus intelligente*), la relative se met au subjonctif. La phrase proposée n'est pas fausse mais ne dit pas ce que l'on avait l'intention de dire.

Enfin, la phrase F n'est pas forcément fausse. Elle fait partie d'une série :
- *Je pense qu'il dira à ses parents qu'il les déteste.* (Probabilité pour moi :100%)
- *Je ne pense pas qu'il dise à ses parents qu'il les déteste.* (Probabilité 50 %)
- *Je ne pense pas qu'il dise à ses parents qu'il les déteste.* (Probabilité 10 %)
- *Je ne pense pas qu'il osera dire à ses parents qu'il les déteste.* Probabilité 100 % du contraire de la première version.

Le verbe *penser*, qui est suivi de l'indicatif parce que l'information est donnée comme sûre à 100%, devient moins certain lorsque l'on emploie la négation, d'où le subjonctif.
Nous retiendrons donc trois cas intéressants :
➢ La contrainte due à l'emploi d'une conjonction ou d'une locution conjonctive.
➢ Celle due à l'emploi d'un certain verbe introducteur.
➢ Celle qui est facultative et dépend du niveau de style utilisé.

> ● **Récapitulons notre onzième TPT : les contraintes syntaxiques**
>
> **Celui-ci peut prendre les valeurs :**
> ➢ **Conjonctions et locutions conjonctives**
> ➢ **Verbes introducteurs**
> ➢ **Contraintes obligatoires ou facultatives**

Découvrons les traits pertinents temporels

2.2.1.12 Résultat escompté (Tpt12)

Lorsque l'on parle ou que l'on écrit, on poursuit un but qui est censé nous amener au résultat escompté. Nous allons considérer quelques-uns de ces buts :

- But présenté comme sûr
- But incertain
- But raté
- Ordre, conseil appuyé
- Menaces, insultes, protestation

2.2.1.12.1 Présenté comme sûr

Lorsque l'on parle de quelque chose, on attend de notre interlocuteur qu'il nous croie, et qu'il ne remette pas en doute ce que nous lui disons. Le mode qui correspond le mieux est l'indicatif, qui permet de parler de procès en les présentant comme avérés.

✦ *Mon chat aime le camembert.* (Pas de raison de ne pas le croire).

Même si l'on ment, on voudrait que notre interlocuteur nous croie.

✦ *J'ai pris un poisson de 30 kg.* (Le locuteur sait bien que ce n'est pas vrai, mais il aimerait nous le faire croire.)

2.2.1.12.2 Incertain

Un but est incertain lorsqu'il doit se réaliser dans le futur, lorsqu'il représente une hypothèse ou lorsqu'il est soumis à la réalisation d'une condition.

- ✦ *Demain, j'irai lui casser la figure.* (Futur, donc incertain).
- ✦ *Il n'est pas allé en cours, aujourd'hui. Il sera malade.* (Hypothèse incertaine)
- ✦ *S'il me prête son vélo, je pourrai courir le critérium.* (Encore faut-il qu'il me le prête.)

Évidemment, ces trois possibilités ont des chances de se réaliser, mais on ne peut pas y mettre sa main à couper qu'elles aient lieu.

2.2.1.12.3 Raté

Lorsque l'on a raté son but, il n'est pas interdit d'exprimer des regrets. C'est ce qui se passe quand on emploie l'irréel du présent ou du passé.

✦ *Si tu étais plus travailleur, tu aurais de meilleures notes.* (Irréel du présent : Mais tu ne l'es pas, alors, tu as de mauvaises notes.)

✦ *Si tu avais été plus gentil avec elle, elle t'aurait aidé.* (Irréel du passé : Mais tu ne l'as pas été, et donc, elle ne t'a pas aidée.)

2.2.1.12.4 Ordre, conseil appuyé

Il y a plusieurs façons de donner des ordres. La façon la plus rapide, c'est l'impératif.

✦ *Lève-toi et marche !* (Ordre donné par Jésus à un paralytique, qui s'est levé et qui s'est mis à marcher).

✦ *Ton mari te bat ? Quitte-le !* (Conseil appuyé).

2.2.1.12.5 Menaces, insultes, protestation

On peut se servir de l'impératif ou du subjonctif dans les cas négatifs de menaces, d'insultes et de protestation.

✦ *Méfie-toi ! Je pourrais te couper les vivres.* (menace de ne plus payer)

✦ *Va te faire voir, sombre crétin !* (insulte pour chasser un idiot)

✦ *Moi, que je lui demande pardon ?* (Il peut toujours courir)

> ● **Récapitulons notre douzième TPT : le résultat escompté**
>
> **Celui-ci peut prendre les valeurs :**
> - **But présenté comme sûr**
> - **But incertain**
> - **But raté**
> - **Ordre, conseil appuyé**
> - **Menaces, insultes, protestation**

Nous allons maintenant récapituler ce que nous avons découvert jusqu'à présent sur les Traits pertinents temporels (TpT) sous la forme d'un topogramme.
Nous pourrons désormais oublier les aspects et modalités au profit de notre réseau de TpT.

1.1.2. Récapitulons ce que nous avons découvert :

Nous avons isolé douze traits pertinents temporels (Tpt) différents correspondant à trois catégories :
- Les Tpt qui concernent le repérage c'est à dire le placement du procès dans le temps :
    - Les trois époques : Présent, passé et futur.
    - Le repère du moment de la locution (TptLocu), c'est à dire le repère de base, en fonction duquel se replacera le repère du procès.
    - Le repère du Procès, marqué ou non par une balise, ou par un autre procès servant de repère.
- Ceux qui concernent le procès :
    - Les types de procès, individuels ou en série, déclenchés par un autre procès ou non.
    - La présence ou non d'une fenêtre permettant à un procès ou à une série de procès de se reproduire.
    - La partie visée du procès : début, corps, fin, juste avant le début, juste avant la fin, juste après la fin
    - La durée du procès
- Celui qui précise la nature de la contrainte obligeant à employer un certain mode ou temps.
- Celui qui précise le but escompté, la probabilité de réussite, et la valeur des temps.

1.1.3. Tableau du réseau des divers traits pertinents temporels

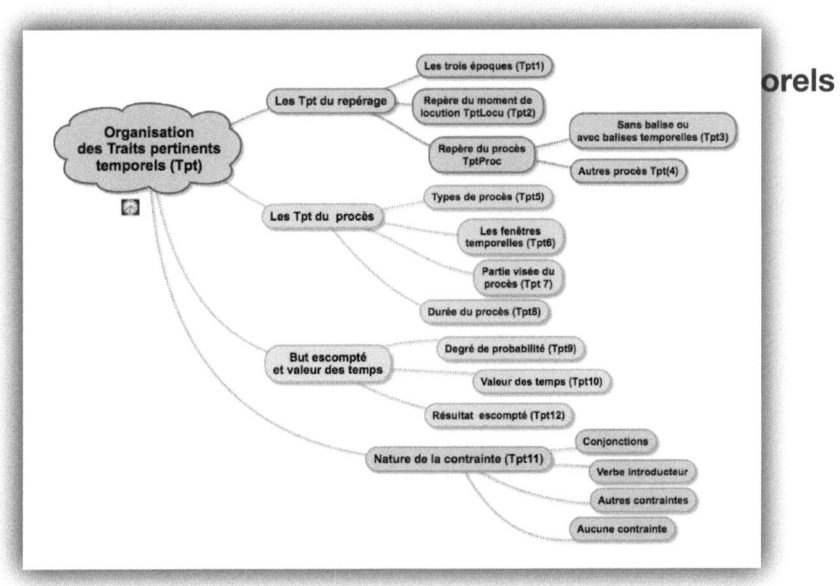

Découvrons les traits pertinents temporels

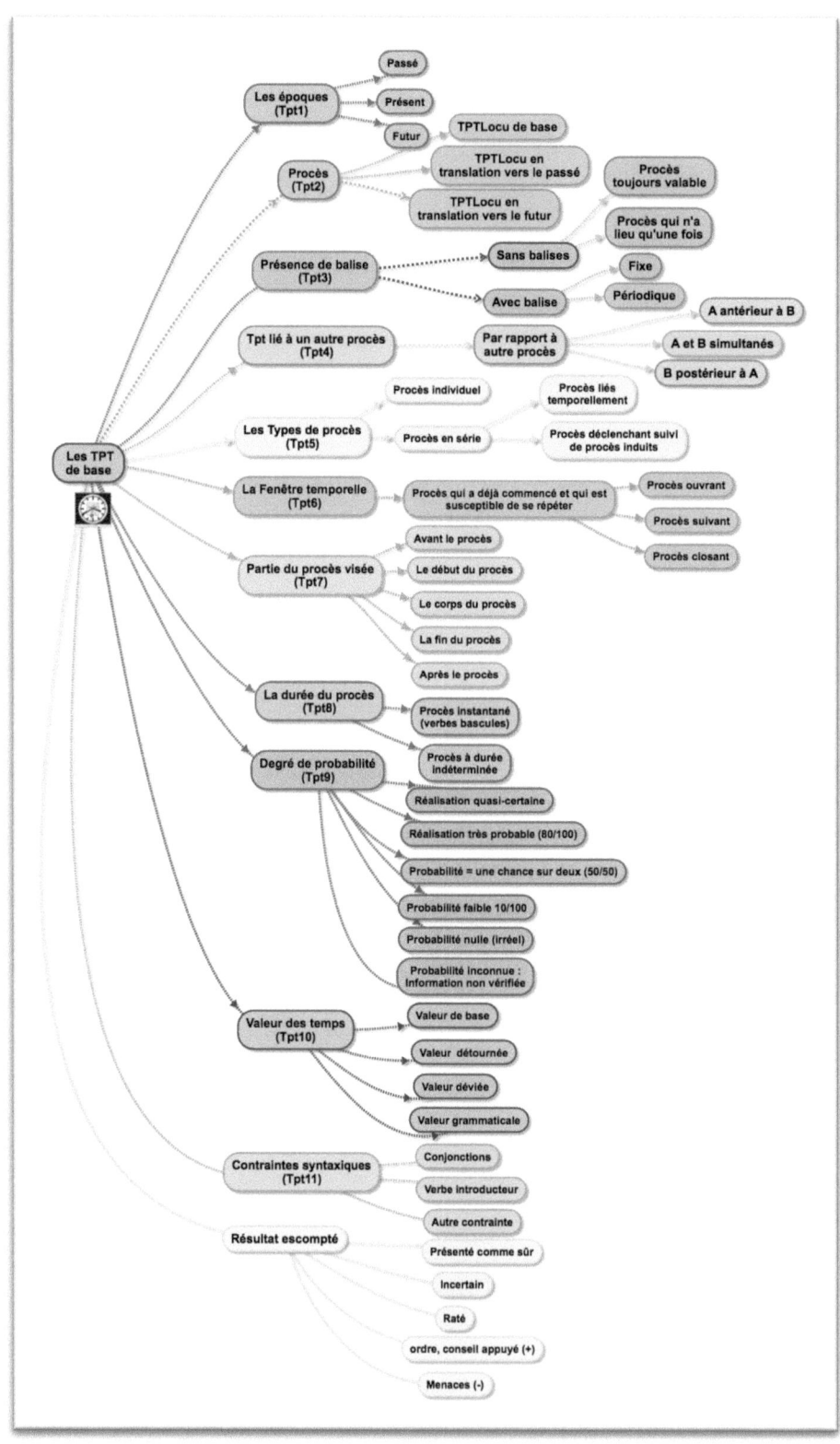

1.1.5. Voici la liste des Tpt utilisés avec leurs valeurs possibles :

Les TPT au présent			
Les époques	TptProc<TptLocu	passé,	< Antérieur à

Découvrons les traits pertinents temporels

Tpt1	TptProc=TptLocu	présent	= simultané avec	
	TptProc>ptLocu	futur	> Postérieur à	
Les repères TpTLocu Tpt2	Locution (TPTLocu)	de base		
		en translation	Vers le passé	
			Vers le futur	
Balises temporelles Tpt3	Procès (TPTProc):	sans balise		
			Procès constant	
			Procès délimité unique	
		avec balise	fixe	
			périodique	
Procès lié à un autre procès Tpt4	Balise-repère = autre procès	la balise est un autre procès explicite	B antérieur à B	antériorité fortuite
				antériorité soulignée
				antériorité éloignée
			A et B simultanés	Simultanéité fortuite
				Simultanéité soulignée
				Simultanéité au contact
			B remplace A	Autrefois/Aujourd'hui
			B postérieur à A	Postériorité fortuite
				Postériorité soulignée
		balise = autre procès implicite	Antériorité par rapport à un procès-joker virtuel	
Types de procès Tpt5	Procès individuel			
	Procès en série	Procès liés temporellement		
		Procès déclenchant suivi de Procès induits		
Fenêtre temporelle (ouverte permettant à un ou plusieurs procès d'avoir lieu.) Tpt6	Procès qui a déjà commencé et qui est susceptible de se répéter.			
		Procès ouvrant		
		Procès suivant		
		Procès fermant		
Partie du procès visée Tpt7	Avant le procès			
	Le début du procès			
	Le corps du procès			
	La fin du procès			
	Après le procès			
	L'ensemble du procès			
		verbe bascule/		

Découvrons les traits pertinents temporels

La durée du procès Tpt8	Procès instantané ()	rapidité d'exécution (cf. Tpt3)		
	Procès qui dure			
	Procès qui dure peu	Durée = un moment		
	Procès sans précision de durée			
Degré de probabilité Tpt9	Réalisation certaine			
	Réalisation 50/50			
	Probabilité très réduite			
	Probabilité 0 (irréel)			
	Probabilité inconnue	Information non vérifiée		
	Probabilité naïve	C'est oui ou c'est non		
Valeur des temps Tpt10	Valeur de base			
	Valeur stylistique	détournée		
	Valeur déviée	Qui n'a rien à voir avec valeur de base		
	Valeur obligatoire	Rendue obligatoire par verbe, conjonction ou autre.		
Contraintes Tpt11	Conjonctions			
	Verbe introducteur			
	Autre contrainte			
	Aucune contrainte			
Résultat escompté Tpt12	Présenté comme sûr	Comparer à Tpt9		
	Douteux	Comparer à Tpt9		
	Raté	Comparer à Tpt3		
	Ordre, conseil (>0)			
	Menaces, (<0)			

1.1.6. Le code des temps

Ce code sera utilisé dans la base de données.

Mode	Temps	Nom du mode et du temps	Code exemple	Exemple
IND		Indicatif		
IND	PRE	Indicatif présent	INDPREA**	Elle chante
IND	IPF	Indicatif imparfait	INDPFA**	Elle chantait
IND	PSP	Indicatif passé simple	INDPSPA**	Elle chanta
IND	PCP	Indicatif passé composé	INDPCPA**	Elle a chanté
IND	PQP	Indicatif plus-que-parfait	INDPQPA**	Elle avait chanté
IND	PAN	Indicatif passé antérieur	INDPANA**	Elle eut chanté
IND	PSC	Indicatif passé surcomposé	INDPSCA**	Elle a eu chanté
FCO		Futuro-conditionnel		
FCO	FSL	Futuro-conditionnel Futur simple	FCOFSLA**	Elle chantera

Découvrons les traits pertinents temporels

FCO	FSP	Futuro-conditionnel Futur antérieur	FCOFSPA**	Elle aura chanté
FCO	CPR	Futuro-conditionnel Conditionnel présent	FCOCPRA**	Elle chanterait
FCO	CP1	Futuro-conditionnel Conditionnel passé 1	FCOCP1A**	Elle aurait chanté
FCO	CP2	Futuro-conditionnel Conditionnel passé 2	FCOCP2A**	Elle eût chanté
SUB	Subjonctif			
SUB	PRE	Subjonctif présent	SUBPREA**	Qu'elle chante
SUB	IPF	Subjonctif imparfait	SUBIPFA**	Qu'elle chantât
SUB	PAS	Subjonctif passé	SUBASA**	Qu'elle ait chanté
SUB	PQP	Subjonctif plus-que-parfait	SUBPQPA**	Qu'elle eût chanté
IMP	Impératif			
IMP	PRE	Impératif présent	IMPPREA**	Chantons !
IMP	PAS	Impératif passé	IMPPASA**	Ayons chanté !
INF				
INF	PRE	Infinitif présent	INFPREA**	Chanter
INF	PAS	Infinitif passé	INFPASA**	Avoir chanté
PRT	Participe			
PRT	PRE	Participe présent	PRTPREA**	Chantant
PRT	PCP	Participe passé composé	PRTPCPA**	Ayant chanté
PRT	PAS	Participe passé	PRTPASA**	chanté

Nous avons décrit à l'aide de ces valeurs tous les exemples de l'eGrammaire concernant la description du présent.

id	code	Tpt : définition
1	EPQPRE	Époque : présent
2	EPQPOS	Époque : passé
3	EPQFUT	Époque : futur
4	TPTLCB	Repères : TPTLocu de base
5	TPTLTF	Repères : TPTLocu en translation vers le futur
6	TPTLTP	Repères : TPTLocu en translation vers le passé
7	BALSBC,	Procès sans repère parce que constant.
8	BALSBD	Procès avec balise délimité unique
9	BALSBP	Procès sans balise périodique.
10	BALAAL	Procès antérieur fortuit
11	BALASL	Procès antérieur souligné
12	BALAEL	Procès antérieur éloigné
13	BALSSL	Procès simultanés fortuitement
14	BALSAL	Procès fortuitement simultanés
15	BALPSL	Procès simultanés soulignés
16	BALSCT	Procès simultanés au contact.
17	BALSPL	Procès en série simple
18	TDPIND	Type de procès individuel
19	TDPSTP	Type de procès en série liés temporellement
20	TDPSDC	Type de procès : liés avec procès déclenchant
21	FENOUV	Procès dans fenêtre : phase d'ouverture
22	FENCON	Procès dans fenêtre : phase de continuation.
23	FENFER	Procès dans fenêtre : phase de fermeture.
24	PPVAVP	Partie du procès visée : Avant le procès.

Découvrons les traits pertinents temporels

25	PPVDEB,	Partie du procès visée : Début du procès.
26	PPVCOP	Partie du procès visée : corps du procès.
27	PPVFIP	Partie du procès visée : Fin du procès.
28	PPVAPP	Partie du procès visée : après procès.
29	PPVTDP	Partie du procès visée : totalité du procès.
30	DPB100	Degré de probabilité : certain (100%)
31	DPB080	Degré de probabilité : fort (80%)
32	DPB050	Degré de probabilité : 50/50 (50%)
33	DPB010	Degré de probabilité : faible (10%)
34	DPB000	Degré de probabilité : nul (00%). Irréel
35	DURINS	Procès à durée instantanée (verbe bascule)
36	DURDUR	Procès à durée précisée
37	DURSPD	Procès sans durée déterminée
38	VALBAS	Valeur du temps : valeur de base.
39	VALDET	Valeur du temps : détournée pour des raisons stylistiques
40	VALDEB	Valeur du temps : déviée, sans rapport avec la valeur de base
41	VALGRM	Valeur du temps : grammaticale, voulue par le contexte

Ces codes sont utilisés dans le tableau suivant. La première moitié du code figure en haut de la colonne, la deuxième partie face à l'exemple qu'elle décrit.

Ex : VALGRM   VAL en tête de colonne, GRM en face de l'exemple A45.

Liste des exemples qui permettent l'étude des traits pertinents temporels au présent:										
n°	EPQ	TPT	BAL	TLP	TDP	FEN	PPV	DPB	DUR	VAL	
A01	PRE	LCB	SBL	SBC	IND	SFN	TDP	100	SPD	BAS	Les mouches ont six pattes.
A02	PRE	LCB	SBL	SBD	IND	SFN	TDP	100	SPD	BAS	Zidane reprend le ballon et marque.
A03	PRE	LCB	ABT	SBD	IND	SFN	TDP	100	SPD	BAS	Aujourd'hui, il pleut à verse.
A04	PRE	LCB	ABT	SAB	STP	CON	TDP	100	SPD	BAS	A Nice, le canon du château tire tous les jours à midi.
A05	PRE	LCB	ABT	SAB	STP	CON	TDP	100	SPD	BAS	Le 1er mai, les Français s'offrent du muguet.
A06	PRE	LCB	SBL	SBD	IND	CON	TDP	100	SPD	BAS	Pauline va à l'école.
A07	PRE	LCB	SBL	SAB	STP	CON	TDP	100	SPD	BAS	Mes rhumatismes me font souffrir quand il pleut.
A08	PRE	LCB	SBL	TLP	SDC	CON	TDP	100	SPD	BAS	Il a des boutons chaque fois qu'il mange des fraises.
A09	PRE	LCB	SBL	SPL	STP	SFN	TDP	100	SPD	BAS	Quand ils ont fini. Le voisin sort de chez lui.
A10	PRE	LCB	SBL	ASL	SDC	CON	APP	100	SPD	BAS	Quand ils ont fini leurs devoirs, les enfants vont regarder la télé.
A11	PRE	LCB	SBL	SPL	STP	SFN	TDP	100	SPD	BAS	Le soleil se lève. Pierre se brosse les dents.
A12	PRE	LCB	ABD	TLP	SDC	CON	TDP	100	SPD	BAS	Aussi longtemps qu'il y a de l'orage, Paul ne dort pas.
A13	PRE	LCB	SBL	SCT	STP	SFN	DEB	100	SPD	BAS	La voiture entre dans le tunnel quand la pluie se met à tomber
A14	PRE	LCB	SBL	SPL	STP	SFN	TDP	100	SPD	BAS	Les vaches sortent dans la prairie. L'agriculteur se gratte la tête.

Découvrons les traits pertinents temporels

A15	PRØE	LCB	SBL	SSL	SDC	CON	TDP	100	SPD	BAS	Quand le chat n'est pas là, les souris dansent.
A16	PAS	LCB	SBL	ASL	STP	CON	TDP	100	SPD	BAS	Lorsqu'il part pour l'école, j'ai déjà mangé.
A17	PRE	LCB	SBL	ASL	SDC	CON	TDP	100	SPD	BAS	Dès que les parents sont partis, les enfants font des sottises.
A18	PAS	LCB	ABD	AEL	SDC	SFN	TDP	100	SPD	BAS	Mon voisin a été arrêté. Il avait fait des bêtises dans sa jeunesse.
A19	PAS	LTP	ABT	SAB	IND	SFN	TDP	100	SPD	DET	En 1214, Philippe-Auguste remporte la bataille de Bouvines.
A20	FUT	LTF	ABT	SAB	IND	SFN	TDP	100	SPD	DET	Dans trois ans, je pars pour l'Australie.
A21	PRE	LCB	SBL	SBD	IND	SFN	TDP	100	SPD	BAS	La voiture sort de l'autoroute.
A22	PRE	LCB	ABT	SPL	STP	SFN	TDP	100		BAS	A la Toussaint, elle achète des fleurs, va au cimetière et se recueille sur la tombe de ses parents.
A23	PRE	LCB	SBL	SCT	SDC	CON	TDP	100	SPD	BAS	Quand elle entend cette chanson, elle est prise d'une forte émotion et se met à pleurer.
A24	PRE	LCB	SBL	LIP	SDC	CON	TDP	100	SPD	BAS	A San Francisco, les habitants craignent le big one, un tremblement de Terre qui doit détruire toute la ville.
A25	PRE	LCB	SBL	TLP	SDC	CON	TDP	100	DUR	BAS	Quand il pleut, les escargots sortent de leur coquille.
A26	PRE	LCB	SBL	TLP	SDC	CON	TDP	100	SPD	BAS	Quand son père lui fait des reproches, Popaul se met à trembler, puis à pleurer, et finit par s'évanouir.
A27	PRE	LCB	SBL	SBD	IND	SFN	AVP	100	SPD	BAS	Elle va le quitter
A28	PRE	LCB	SBL	TLP	IND	SFN	AVP	100	SPD	BAS	Elle est sur le point de le quitter
A29	PAS	LCB	SBL	TLP	IND	SFN	AVP	100	SPD	BAS	Ils étaient sur le point de se marier lorsqu'elle tomba amoureuse d'un footballeur.
A30	PRE	LCB	SBL	ASL	SDC	CON	DEB	100	SPD	BAS	Chaque fois qu'on le critique, Il se met à crier.
A31	PRE	LCB	SBL	LIP	IND	SFN	COP	100	SPD	BAS	Elle est en train de tricoter un pullover à son chien.
A32	PRE	LCB	SBL	SCT	INT	CON	FIP	100	SPD	BAS	Les travaux sont sur le point de se terminer.
A33	PRE	LCB	SBL	SBD	INT	FER	APP	100	SPD	BAS	Les travaux viennent de se terminer.
A34	PRE	LCB	SBL	SBC	IND	CON	TDP	100	SPD	BAS	La Terre tourne autour du soleil.
A35	PAS	LTP	ABT	SAB	IND	SFN	TDP	100	SPD	DET	Il y a dix ans, on le met à la porte du lycée, …
A36	FUT	LTF	ABT	SAB	IND	SFN	TDP	100	SPD	DET	… demain, il entre à Polytechnique.
A37	FUT	LTF	ABT	SAB	IND	SFN	TDP	100	SPD	BAS	Demain, nous prenons l'avion pour Montréal.
A38	FUT	LTF	ABT	SSL	SDC	SFN	TDP	100	SPD	GRM	Si tu veux, on va au cinéma demain.
A39	PRE	LCB	SBL	SBD	IND	SFN	TDP	100	INS	BAS	Il regarde dans le frigo s'il y a encore du beurre.

Découvrons les traits pertinents temporels

A40	PRE	LCB	SBD	SAB	IND	OUV	TDP	100	DUR	BAS	Ses enfants regardent la télévision toute la journée.
A41	PRE	LCB	ABD	SAB	IND	OUV	TDP	100	DUR	BAS	Elle passe tout l'hiver dans sa maison de Menton.
A42	PRE	LCB	ABD	SAB	IND	OUV	TDP	100	DUR	BAS	La pharmacie vous accueille de 9 heures à 20 heures.
A43	PRE	LCB	SBL	SBD	IND	SFN	TDP	100	SPD	BAS	Aznavour chante à l'Olympia.
A44	PRE	LCB	SBL	SBD	IND	SFN	TDP	100	SPD	BAS	Il est à Paris
A45	FUT	LCB	ABT	SSL	SDC	SFN	TDP	050	SPD	GRM	Si demain il pleut, nous resterons à la maison
A46	FUT	LCB	ABT	SSL	SDC	SFN	TDP	010	SPD	GRM	Si demain il neigeait sur Marseille, nous irions
A47	FUT	LCB	SBL	SSL	SDC	SFN	TDP	000	SPD	GRM	S'il avait plu, nous serions allés chercher des escargots.
A48	PRE	LCB	SBL	SBD	IND	SFN	TDP	100	SPD	BAS	Je lis le journal avec plaisir
A49	PAS	LCB	SBL	SBD	IND	SFN	TDP	100	SPD	DET	Enfin, Marius Trésor marquait le but de la victoire.
A50	PRE	LCB	SBL	SAL	IND	SFN	TDP	050	SPD	DEB	Elle est en retard. Elle aura eu un empêchement.
A51	FUT	LTF	ABT	SSL	SDC	SFN	TDP	050	SPD	GRM	Si tu veux, nous pouvons aller au restaurant ce soir.
A52	PAS	LCB	SBL	SBD	IND	SFN	TDP	100	SPD	BAS	Papa collectionnait les timbres.
A53	PRE	LCB	SBL	SBD	IND	SFN	TDP	100	SPD	BAS	Papa les collectionne.
A54	PRE	LCB	SBL	SBD	IND	SFN	TDP	100	SPD	BAS	Jules aime beaucoup les voyages.
A55	PAS	LCB	SBL	SBD	IND	SFN	TDP	100	SPD	BAS	Jules aimait beaucoup les voyages.
A56	PAS	LCB	SBL	SBD	IND	SFN	TDP	050	SPD	DEB	Le président aurait perdu une chaussure en montant les escaliers.
A57	PRE	LCB	SBL	SSL	SDC	SFN	TDP	000	SPD	GRMDEB	Si tu étais intelligent tu comprendrais.
A58	PRE	LCB	SBD	SAL	SDC	SFN	TDP	100	SPD	GRM	Je veux qu'il vienne pour que je puisse le féliciter, car il est bon qu'il comprenne.

3 Les Tpt à travers les temps et les modes.

Maintenant que nous avons étudié les 12 Traits pertinents temporels (Tpt) et les valeurs qu'ils peuvent prendre, il nous reste à reprendre chaque Tpt individuellement et à voir comment chacun agit à travers les temps. On pourra pour chaque Tpt se rapporter au §2.

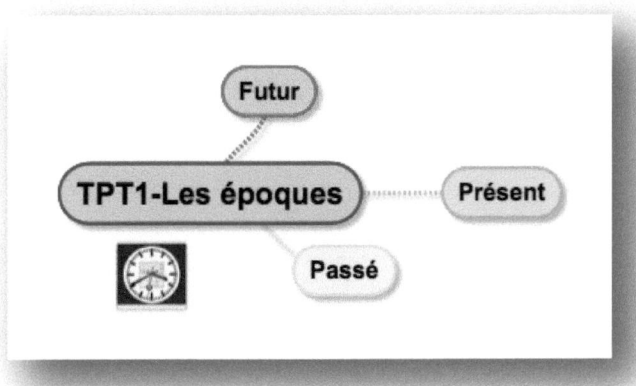

3.1 Tpt1 : Les époques

On pourrait croire à priori que les temps grammaticaux simples servent à replacer les procès dans le temps. C'est surtout vrai des temps de l'indicatif. Mais nous savons maintenant :

→ Que l'infinitif et le participe servent surtout à simplifier des structures compliquées comportant des subordonnées.

→ Que l'impératif véritable suppose la présence de celui auquel on s'adresse, et que l'ordre ou le conseil donné concernent soit la période du présent, soit celle du futur. En effet, il n'est pas possible de remonter réellement le temps pour obéir à un ordre donné au présent et encore moins de changer quelque chose dans le passé.

→ Que le subjonctif concerne le présent ou le futur quant au souhait prononcé, dont la réalisation aura lieu après sa formulation, donc dans le futur, dans un futur très proche ou, à l'extrême rigueur, dans le présent.

→ Que dans la subordonnée, il exprime souvent un futur par rapport à la principale. On ne replacera donc le procès au subjonctif dans le temps qu'après avoir replacé la principale, en sachant que, vue de la principale, la subordonnée est située dans le futur par rapport à cette principale. Il y a même des cas où son emploi est rendu obligatoire du fait de son environnement (conjonction, verbe ou expression impersonnelle gouvernant le subjonctif).

→ Que, dans le cas du futuro-conditionnel, l'accent est mis sur l'hypothèse, sur la condition ou la véracité d'une information, ces trois domaines pouvant concerner le présent, le passé ou le futur. La condition se replace alors dans le temps en fonction du procès principal désignant le résultat. En outre, les temps composés replacent le procès dans une antériorité par rapport au temps simple qui équivaut au temps de leur auxiliaire.

→ Que, dans le cas de l'indicatif, les temps simples servent à replacer le procès dans le temps, le présent désignant le procès qui se déroule dans l'actualité du locuteur, l'imparfait et le passé simple replaçant un procès dans le passé. Les temps composés, eux, replacent le procès dans une antériorité par rapport à un temps simple, celui auquel est conjugué leur auxiliaire.

Les Tpt à travers les temps

3.2 Tpt2 : Les repères de base TptLocu et TptProc

1.1.7. Généralités

Nous connaissons les deux repères de base :
- TptLocu, qui correspond au moment de la locution.
- TptProc, qui correspond au moment où se déroule le procès.

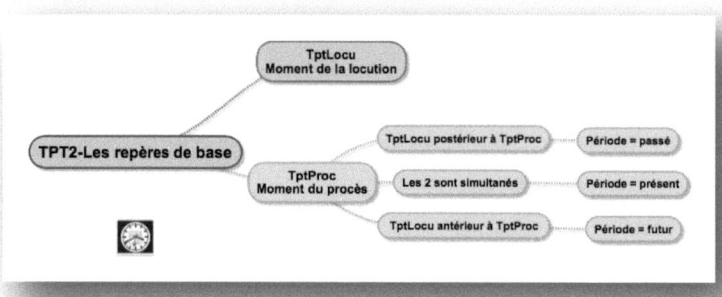

Ainsi :
- Tout procès qui se déroule en même temps que TptLocu (TptLocu=TptProc) se replace à la période du présent.
- Tout procès qui se déroule avant TptLocu (TptProc <TptLocu) se replace à la période du passé.
- Tout procès qui se déroule après TptLocu (TptLocu<TptProc) se replace à la période du futur.

Nous avons vu que, pour rendre un procès plus vivant, il arrivait que le locuteur effectue une translation soit vers le futur, soit vers le passé, justifiant l'utilisation du présent.
Les autres valeurs, stylistiques, déviées ou obligatoires ne servent pas à replacer le procès, mais mettent l'accent sur d'autre phénomènes relevant d'autres Tpt.

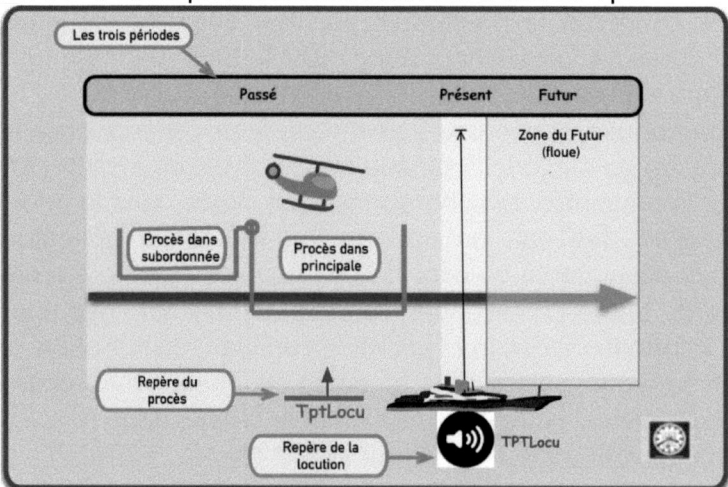

1.1.8. Réflexions sur le temps

3.2.1.1 Tout est en mouvement

On prend souvent comme symbole du temps le fleuve, qui coule régulièrement toujours dans le même sens. Le locuteur est sur la berge, et il regarde passer l'eau.
Si l'on réfléchit au temps qui fabrique du présent tout en repoussant le présent en place dans le passé, le locuteur n'est pas sur un endroit immobile, il est en mouvement. Les événements dont ils parlent sont eux aussi en mouvement.

Nous préférons recourir à une autre image : celle du bateau qui avance toujours dans le même

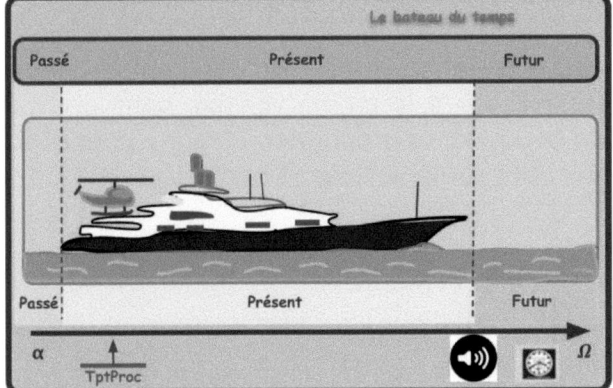

sens, et qui ne peut jamais ralentir ni faire demi-tour. Il avance donc régulièrement, sans à coup, à sa vitesse de croisière.

Vous pouvez admirer notre yacht, équipé d'un hélicoptère placé sur la plateforme arrière, qui avance sur l'eau du fleuve, mais plus vite qu'elle. La limite entre le futur et le présent est situé à sa proue (l'avant du bateau où se trouve l'étrave qui fend l'eau), et la limite entre présent et passé à sa poupe, (l'arrière du bateau qui laisse le sillage derrière lui). Le locuteur est à bord et voit défiler l'eau du fleuve et les berges. Il est prisonnier de ce système et s'achemine, transporté par le bateau du temps, vers son destin.

3.2.1.1.1 TptLocu

Le repère de la locution est représenté par le bateau du temps, sur lequel se trouve le locuteur. Il correspond à l'étrave du bateau, qui est l'endroit où se crée le présent. Contrairement à ce que l'on pourrait croire, ce n'est pas le futur qui devient présent, car le futur ne contient aucun procès. Il ne contient que des espoirs, des prévisions, des procès qui devraient avoir lieu si tout se passe comme prévu. C'est ce que veulent dire certaines personnes croyantes qui, chaque fois qu'elles parlent du futur, ajoutent « Si Dieu veut ! » Cela n'empêche pas le locuteur d'avoir prévu un certain nombre de scénarios possibles : Il s'est acheté un billet de train pour se rendre à Pâques à Bordeaux. Il est assuré, paie ses cotisations pour sa santé et pour sa retraite. Il espère pouvoir en profiter le moment venu. Les tarifs des assurances dépendent de statistiques correspondant à des faits passés et sont un pari calculé sur l'avenir. Mais il suffit qu'un ouragan non prévu dévaste le pays, détruise des bâtiments, l'infrastructure routière, de nombreux véhicules, et tuent une bonne centaine de personnes pour mettre à mal les finances de ces assurances.

Le présent dépend essentiellement du passé. Il découle d'une suite de procès qui s'enchaînent et se rencontrent. Lorsque l'on découvre une personne sans vie, les policiers essaient de reconstituer ce qui s'est passé en cherchant des témoins qui peuvent dire ce qu'ils ont vu, des indices (ADN, empreintes digitales, etc.), et qui à la fin de leur enquête, découvrent les mobiles de l'assassin, son emploi du temps, et constatent que le chemin de la victime, qui allait à l'endroit X, a croisé celui du criminel, qui se rendait à l'endroit Y, au même moment, celui où le bateau du temps s'est trouvé là dans l'espace-temps. Le présent « le criminel assassine la victime » correspond au moment TptLocu. Ce présent devient passé dès que la victime tombe sur le sol, et que le criminel prend la fuite. On aura alors : « Le criminel a assassiné la victime ». Le bateau du temps quitte le moment du crime.

Prenons un exemple beaucoup plus banal : vous mettez la main dans un bol pour y prendre des olives dénoyautées. C'est votre présent. Mais pour que votre présent soit créé par le temps, il a fallu que d'autres procès aient eu lieu avant, lesquels ont contribué à la création de ce présent. Les olives ont dû pousser et murir sur un olivier qui avait dû être planté auparavant. Les olives mûres avaient dû être cueillies, transportées, préparées, emballées, vendues achetées par quelqu'un. Le bol, lui, avait dû être fabriqué, transporté, vendu. Et si on remonte plus haut, ceux qui avaient effectué ces travaux avaient dû naître, être éduqués, suivre une formation, etc. Et c'est ce réseau de procès, prenant leur source au big bang qui, à la suite d'une longue évolution, avaient convergé jusqu'à votre bol, placé aujourd'hui à votre portée, dans lequel vous prenez les olives pour les porter à votre bouche. Il faudrait beaucoup de temps pour décrire toutes les étapes, tous les procès qui ont participé à cette évolution. Le temps qui crée le présent le déduit de cette confluence. Une fois fabriqué, le présent va enrichir le passé, après avoir apporté sa contribution, si modeste soit-elle, à l'évolution du monde.

Pour garder l'image du bateau, combien de bateaux du temps y a-t-il ? Un par locuteur, et qui coule à la fin avec son occupant. Mais ils avancent tous à la même vitesse, sans pouvoir modifier leur allure, ni leur cap. Tout juste peuvent-ils dériver vers bâbord ou tribord, pour qu'ils puissent se rencontrer. Évidemment, ces bateaux sont symboliques, et beaucoup naviguent en parallèle dans l'espace-temps.

3.2.1.1.2 TptProc

Notre bateau est équipé d'un hélicoptère temporel symbolique, qui permet de remonter le temps, alors que le bateau, lui, n'en a pas le droit.
Nous-mêmes, nous sommes comme le bateau : nous ne pouvons pas remonter physiquement le temps. Mais nous pouvons le faire dans notre tête et dans nos discours ou récits par l'hélicoptère temporel, qui nous permet de nous déplacer dans le temps dans tous les sens, en échappant pour un moment au bateau qui nous emporte. Alors que le bateau nous permet de constater les procès présents, comme le reporteur qui commente en direct un match de football, suivant l'ordre chronologique, et ne pouvant s'échapper que pour peu de temps au flot des procès qui se succèdent.

✦ *L'attaquant de l'Olympique de Marseille de Marseille court vers la surface de réparation, la traverse, tire à ras du sol et envoie le ballon au fond des filets, après avoir driblé le dernier défenseur.*

Nous suivons de près l'ordre chronologique, pressés par les procès qui se succèdent rapidement, mais nous arrivons à remonter le temps en précisant « *après avoir driblé le dernier défenseur*», déplacement très modeste car le présent en pleine évolution dynamique n'attend pas et nous risquerions de manquer un événement si nous remontions trop loin dans le temps. En revanche, lorsque nous sommes dans notre hélicoptère temporel, nous survolons des faits passés, donc inertes, et nous pouvons, en remontant et en redescendant le temps, établir des comparaisons, montrer des évolutions parallèles, convergentes ou divergentes, bref, analyser et expliquer des groupes de procès.

✦ *Hitler, comme Napoléon en son temps, s'est cassé les dents lors de sa tentative d'envahir la Russie sur les défenseurs soviétiques, soutenus par le général Hiver. Pour l'un, ce fut la Bérézina, pour l'autre, Stalingrad.*

Ici, nous établissons un rapprochement par-delà le temps entre deux faits historiques semblables : l'invasion napoléonienne et son homologue hitlérienne.
Dans notre hélicoptère temporel, nous sommes mobiles, nous n'avons pas de limites, et nous pouvons butiner à droite ou à gauche pour rassembler les éléments de notre analyse.
Lorsque nous explorons le futur ou le passé dans notre engin volant, nous employons les temps du futur, ou ceux du passé selon les cas.

3.2.1.2 Le fil de la locution

Une fois qu'on a remonté le temps, on peut suivre des événements et en parler :

✦ *Paul sortait de chez lui. Il reçut une peau de banane sur la tête.*

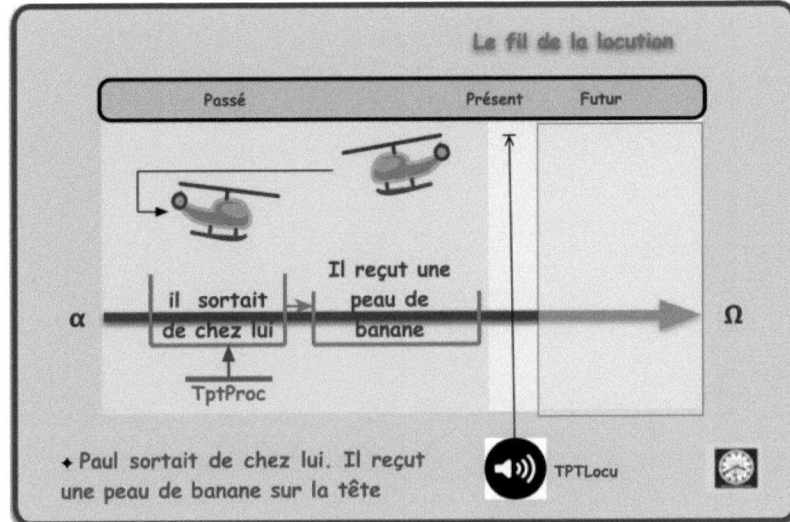

Dès que nous sommes remontés au jour où s'est passée notre histoire, nous faisons demi-tour et nous suivons le fil de la discussion dans le sens du temps, mais à la vitesse qui nous convient.

Le repère TptProc accompagne l'hélicoptère, qui suit lui-même le fil de la locution.

3.2.1.3 Rapports entre temps réel et temps grammatical

Le temps grammatical fait partie de l'attirail qui nous permet de relater par oral ou par écrit les divers procès qui nous intéressent.

Les temps grammaticaux nous permettent de parler en nous déplaçant, dans notre tête, dans tous les sens, à notre convenance. Si l'on quitte le bateau dans le sens de la marche, par l'avant, nous nous déplaçons dans le futur, et nous imaginerons un avenir qui ne sera pas forcément le nôtre.

Si on le quitte dans le sens inverse, par l'arrière, on explorera le passé qui, lui, a vraiment eu lieu, et l'on retrouvera tous les procès qui se sont déroulés, placés le long de l'axe du temps, à l'endroit correspondant au moment où ils ont lieu.

Voici, en gros, comment s'articulent les modes et temps principaux :

Les trois périodes correspondent donc :
> Pour le passé, à un départ vers l'avant.
> Pour le présent, à un voyage dans le bateau, sans hélicoptère, au fil du temps.
> Pour le passé, à un départ vers l'arrière.

Les temps simples du passé de l'indicatif ou du futuro-conditionnel permettent de replacer le procès dans le temps.

Les temps composés replacent un procès par rapport à un autre procès. Le temps simple sert de point de fixation. Le temps composé replace le procès par rapport à ce point de fixation vers le passé et exprime l'antériorité.

Lorsque le procès se situe chronologiquement après ce point, on emploie un futur, un conditionnel ou un subjonctif : vu du point de fixation, le procès est dans le futur. Sa réalisation n'est pas certaine. Mais nous, qui remontons le temps, nous savons que tous ces procès ont eu lieu, ce que, les contemporains de l'époque, ne pouvaient pas savoir.

Pour plus de détails se reporter au chapitres 7 et 8, ou aux paragraphes à venir du chapitre 9.

3.3 Tpt3 : Les balises temporelles

Les balises temporelles nous intéressent pour replacer TptProc sur l'axe des temps. Les cas d'emploi de ces balises sont divers et variés :

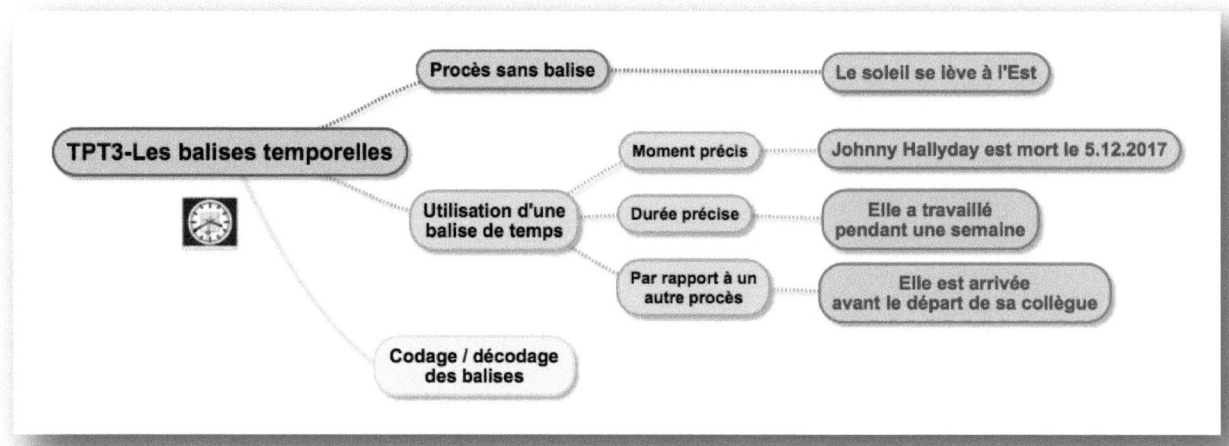

1.1.9. Procès sans balise.

Il se peut que l'on n'ait pas besoin d'une balise au présent, lorsque le procès occupe la totalité du temps :
✦ *Le soleil se lève à l'Est et se couche à l'Ouest.*
C'est bien sûr toujours ainsi.

1.1.10. Utilisation d'une balise de temps

Dans d'autres cas, l'utilisation d'une balise temporelle peut être utile, voire indispensable. Elle pourra :
➢ Préciser une date ou un moment.
➢ Préciser une durée
➢ Replacer un procès par rapport à un autre

3.3.1.1 Diverses balises de temps

3.3.1.1.1 Moment précis :

On aura recours à un indice qui montre quand a eu lieu le procès, une balise temporelle sous la forme d'une préposition, d'une conjonction, d'une expression désignant le temps ou autre.
✦ *Johnny Hallyday est mort le 5 décembre 2017* .(1)
✦ *Il est mort le mois dernier.* (2)
✦ *Il est mort quelques heures après Jean d'Ormesson.* (3)
✦ *Ramsès II est né vers 1304 avant Jésus-Christ.* (4)
✦ *Le marché d'Aix-en-Provence a lieu tous les mardis, jeudis et samedis.* (5)

3.3.1.1.2 Date précise

◉ Dans l'exemple (1), la balise temporelle TptProc se présente sous la forme d'une date. Il s'agit donc d'un point précis dans le temps.
◉ Dans (2), on replace le procès en comptant la position à partir de maintenant, en remontant le temps (le mois dernier) et en plaçant le procès au début de cet espace d'un mois.
◉ Dans (3), le replacement est plus complexe : La mort de Johnny Hallyday a eu lieu quelques-heures après celle de Jean d'Ormesson. Il faut alors comprendre que Jean d'Ormesson est mort le même jour, mais quelques heures avant la mort de Johnny. Un peu de réflexion est donc nécessaire, et un minimum de connaissances de l'actualité. Sans compter que d'Ormesson, membre de l'Académie française, écrivain, journaliste chroniqueur etc. était en

fait beaucoup moins connu que le simple chanteur Johnny Halliday, dont le simple prénom suffisait à l'identifier. On peut donc supposer que nombreux sont les francophones qui ne connaissaient pas d'Ormesson.
Admettons que l'on traite ensemble les exemples 1 et 3 :
- *Johnny Hallyday est mort le 5 décembre 2017.* (1)
- *Il est mort quelques heures après Jean d'Ormesson.* (3)

On apprendra la date précise de la mort de Johnny Halliday par l'exemple 1, et on en déduira la date de la mort de Jean d'Ormesson grâce à l'exemple 3 : quelques heures avant, le même jour.
Mais si l'on n'avait que l'exemple n° 3 comme source d'information, on serait invité à déduire le moment de la mort de Johnny Hallyday à partir de celui du décès de Jean d'Ormesson.
Cela montre l'importance de ces balises, associées aux connaissances extralinguistiques dont disposent le locuteur et son interlocuteur.

◉ L'exemple 4 est à la fois plus vague et plus précis. Qu'entend-on par « avant Jésus-Christ » ? Avant sa naissance, avant sa mort ou son baptême. ? En outre, chacun sait que l'on ne connait pas avec certitude la date de sa naissance, ni celle de sa mort. Et il y a même des auteurs qui mettent en doute son existence. Si l'on prend en compte tous ces points de doute, on se demande vraiment quand est né Ramsès 2.
Mais l'on devrait aussi savoir que l'expression « avant Jésus-Christ », comme d'ailleurs son pendant « après Jésus-Christ » peuvent se définir autrement : il s'agit du point de repère 0 de notre calendrier, le calendrier grégorien. Nous écrivons ces lignes le 5 janvier 2018. Pour retrouver le 0, qui est le point d'origine de notre calendrier, on dit aussi « de notre ère », il suffit de remonter l'axe des temps de 2018 ans et 4 jours.
Et quelle que soit notre définition de ce point 0, nous pouvons nous servir de la date du calendrier.
Bien entendu, ce calendrier est valable, à la base, seulement pour les utilisateurs du calendrier grégorien. Les Russes, qui ne tiennent pas compte de la correction de 10 jours effectuée en 1582 pour rattraper le quart de jour que dure chaque année en plus, en établissant une année bissextile tous les 4 ans, avec 29 février, suivent le calendrier julien, et l'écart ne cesse de grandir. Il a atteint 13 jours en 2000.
Quant aux Musulmans, qui ont des mois lunaires de 28 jours, ils sont en 1439 après l'Hégire, les Israélites, eux, en 5718 après la création du monde présumée.

◉ L'exemple 5 contient une balise périodique : *tous les mardis, jeudis et samedis*.
Il existe donc une fenêtre ouverte lors de la création du marché d'Aix au XIVème siècle, ce qui permet que, chaque semaine, le mardi, le jeudi et le samedi se déroule le grand marché situé au pied du Palais de Justice. Une fermeture de cette fenêtre n'est à ce jour aucunement planifiée.

3.3.1.1.3 Position par rapport à un autre procès
Lorsque l'on met l'accent sur l'antériorité, la postériorité ou la simultanéité d'un procès X par rapport à un procès Y (cf. Tpt4), on pourra :

◉ **Montrer que X nécessite Y pour exister :**
- *Frottez la tache de gras après l'avoir recouverte de Terre de Sommières.*

On peut frotter la tache de gras pour la faire disparaître, mais seulement après l'avoir recouverte de terre de Sommières. Les deux procès sont nécessaires, et doivent être réalisés dans cet ordre pour que l'on puisse se débarrasser de cette tâche de gras.

Les Tpt à travers les temps

⦿ **Montrer comment X se replace par rapport à Y, lui-même replacé dans le temps.**

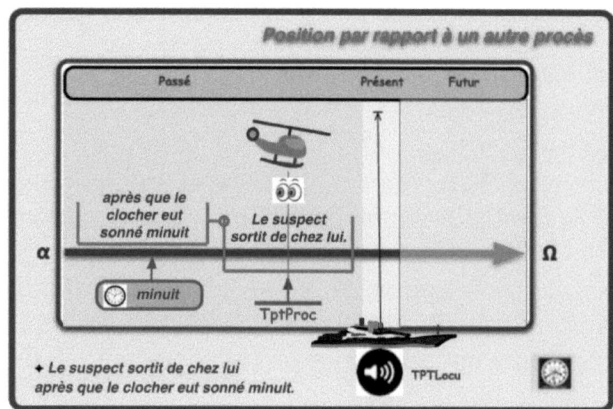

✦ *Le suspect sortit de chez lui après que le clocher eut sonné minuit.*
A = le clocher a sonné minuit
B = Le suspect sortit de chez lui.
Patron : **Après que A, B**
Vu de la principale, il faut regarder vers le passé pour voir la subordonnée, qui est donc antérieure à la principale. *Après que* souligne cette antériorité. A est donc antérieur souligné à B.
La balise *minuit* montre que A a eu lieu à minuit, et avant B.

Donc : Le suspect sort après la sonnerie du clocher, et cette sonnerie a eu lieu à minuit.

3.3.1.2 Importance des balises et nécessité d'un bon codage / décodage

⦿ Les cinq exemples de 9.3.2.1.1, présentés ci-dessus, nous montrent la variété de ces balises quant à leur nature (préposition, conjonction, expressions temporelles etc.) et leur symbiose avec les temps employés.

✦ *Le journal a été livré à dix heures.* (heure précise)

✦ *Le journal a été livré il y a deux heures.* (il faut compter deux heures à partir de maintenant (TptLocu) et remonter le temps)

✦ *Le journal a été livré dans la matinée.* (période de plusieurs heures le matin)

✦ *Il a été livré vers midi les jours fériés, alors qu'il l'a été le matin les jours ouvrés.* (Moment périodique de livraison pendant les jours fériés, différent de la période propre aux jours fériés.)

⦿ Il est important de bien les décoder, en liaison avec les temps.

✦ *Il est venu dimanche.* (Dimanche sans article + temps du passé → dimanche dernier.)

✦ *Il est venu le dimanche.* (Dimanche avec article défini + temps du passé → Tous les dimanches dans le passé.).

✦ *Il viendra dimanche.* (Dimanche sans article + temps du futur → Dimanche prochain.).

✦ *Il viendra le dimanche.* (Dimanche avec article défini + temps du futur → Tous les dimanches dans le futur.)

✦ *Il vient dimanche.* (Dimanche sans article + présent avec translation vers le futur. → Dimanche prochain.)

✦ *Il vient le dimanche.* (Article défini + dimanche + présent → Tous les dimanches, dans le passé, dans le présent et sans doute dans le futur)

✦ *Il viendra un dimanche.* (Article indéfini + futur → Un dimanche dans le futur, n'importe lequel.)

✦ *Il est venu un dimanche.* (Article indéfini + passé → Un dimanche dans le passé, n'importe lequel.)

On voit l'importance de l'emploi des articles, qui montrent s'il y a répétition ou non, et celle du temps qui précise la période (Tpt1)

3.4 Tpt4 : Procès lié à un autre procès

Un procès vient rarement seul. Même le texte le plus court, comme par exemple une plaisanterie, se compose de plusieurs procès.

✦ *« Oh, Doumé ! Profite de ce que tu as la bouche ouverte pour appeler le petit ! »*

Dans cette courte blague corse, Doumé a la bouche ouverte (Procès 1). Il doit profiter de la situation (Procès 2) et appeler le petit (Procès 3).

Il est donc important de savoir replacer ces procès dans la chronologie, les uns par rapport aux autres. C'est ce que nous allons envisager grâce à Tpt4.
Il est primordial de savoir dans quel rapport temporel deux procès ou plus se trouvent.
Nous allons devoir traiter les points suivants :

1.1.11.

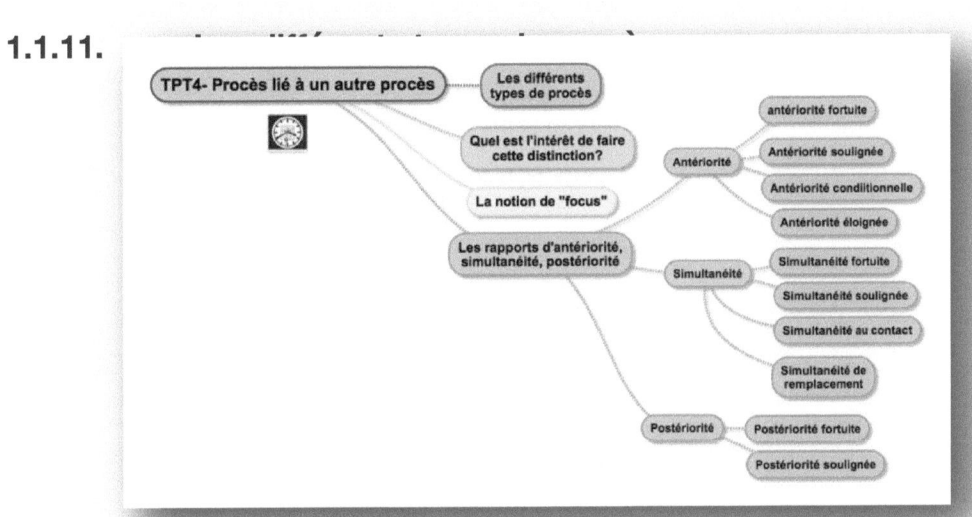

Nous traiterons le problème dans le chapitre 9.5 se rapportant à Tpt5. Nous nous contenterons ici de rappeler les principes fondamentaux, dont nous allons avoir besoin pour notre démonstration.
Il y a pour nous trois types de procès :
- le procès individuel, sans organisation particulière,
- les procès organisés en série
- les procès organisés en train.

⦿ **Le procès individuel** a lieu seul, sans attache avec un autre procès.

✦ *Le voisin m'a apporté un colis hier soir.*

Le voisin fait un procès individuel.

⦿ **La série** rassemble des procès qui ont lieu les uns à la suite des autres. Ces procès ont un rapport d'égalité entre eux :

✦ *L'ogre mit ses bottes, les nettoya, prit son chapeau et sortit.*

Les procès se succèdent dans le temps, sans qu'aucun ne soit privilégié par rapport aux autres.

⦿ **Le train** est une sorte de série dans laquelle un procès déclencheur entraîne les autres.

✦ *Quand Pierre avait un travail difficile à faire, il le remettait au lendemain et devait le faire à toute allure la nuit avant la limite.*

Le procès déclenchant, c'est le fait d'avoir un travail difficile à faire, lequel entraîne chez Pierre, qui souffre de procrastination (manie de remettre à plus tard), une grande envie de ne rien faire, l'amenant à repousser le moment de faire le travail jusqu'à la veille du jour limite. Il se met alors enfin au travail et doit se dépêcher de rattraper le temps perdu. L'important, c'est de voir que chaque fois que le procès déclenchant arrive, les actions induites suivent.

1.1.12. Quel est l'intérêt de faire cette distinction ?

Alors que chaque procès individuel doit être considéré indépendamment lorsque l'on veut déterminer le temps à utiliser, les procès qui font partie d'une série ou d'un procès sont solidaires. La réflexion porte donc sur l'ensemble de la série ou du train.
Lorsque l'on aura déterminé quels procès sont solidaires, il faudra mettre ces procès au même temps.

1.1.13. La notion de focus

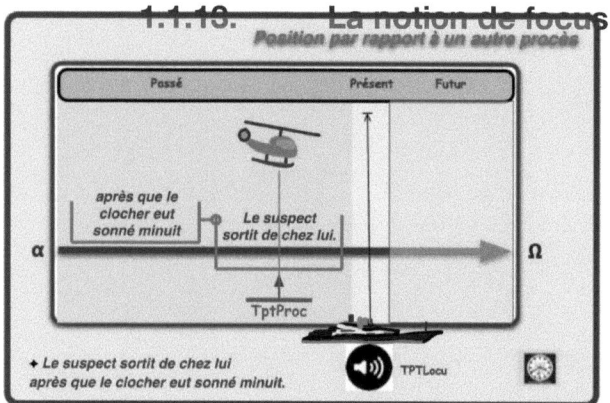

Lorsque le locuteur nous parle du présent, il se déplace dans le bateau du temps.
Il « passe » le long des événements à la vitesse où le temps fabrique du présent et rejette les procès actuels dans le passé. Il se trouve situé dans le temps au repère **TptLocu.** (temps de la locution)

Lorsque le locuteur délivre ses informations, il lui arrive assez souvent de « survoler » des événements passés, ici avec l'hélicoptère. Dans ce cas, comme quelqu'un cherchant quelque chose dans l'obscurité, il promène le faisceau de son projecteur sur ces événements passés. Il met, comme on dit, **le focus** sur ces événements, et le moment qui correspond est alors situé au repère **TptProc**. Mais contrairement au déplacement au présent, qui ne peut qu'avancer au rythme du temps, et toujours dans la même direction, le survol du passé ou du futur peut remonter le temps, ralentir ou accélérer, revenir ou repartir. Bref, le locuteur n'est pas soumis à l'ordre chronologique. Il faut juste que l'auditeur / le lecteur, décode les procès, en se servant des temps grammaticaux et des balises temporelles nécessaires à la reconstitution de cet ordre chronologique.

1.1.14. Les rapports d'antériorité, de simultanéité et de postériorité.

Lorsque l'on considère les rapports temporels entre deux procès, on commence par les classer dans l'ordre chronologique. Nous nommerons l'action qui commence la première A, celle qui commence en second B.

3.4.1.1 Généralités

Le Ttp4 s'occupe de préciser les relations temporelles entre procès.
  Trois questions se posent alors :
  → Quel est le procès qui commence le premier (A), lequel le second (B)
  → Est-ce que A est terminé lorsque B commence ou non ?
  → L'action B est-elle terminée avant qu'une nouvelle action ne commence ?
Nous avons en gros trois possibilités quant au rapport entre les deux procès A et B, en fonction des priorités que l'on veut fixer :
  ➢ A est antérieur à B.

> B est postérieur à A.
> A et B sont simultanés.

3.4.1.2 L'antériorité
*A est antérieur à B lorsqu'il **commence** et **se termine avant** le début de B.*
On peut alors distinguer deux cas différents :

3.4.1.2.1 Il y a antériorité de fait, sans que l'on mette l'accent dessus :

✦ *Sir Simon Rattle a joué la 4ème symphonie de Beethoven. Ensuite, il a dirigé la 7ème. (A= a joué, B= a dirigé)*

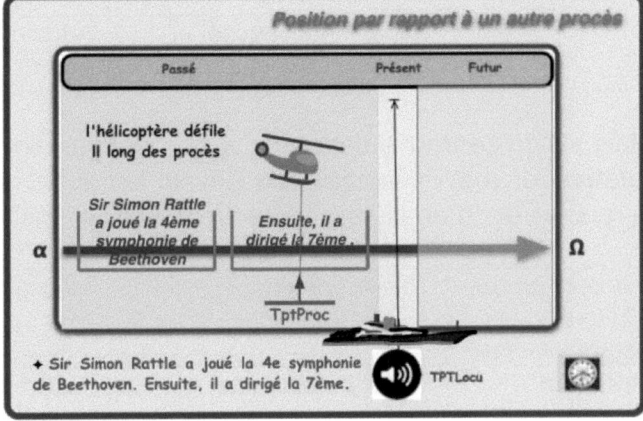

Les deux procès sont au même temps : le passé composé. L'ordre des procès est donc l'ordre chronologique. Une fois placé le repère TptProc à la date du concert, les procès défilent le long de Tptproc, comme ils auraient défilé le long de TptLoc au présent. A est le procès qui commence le premier, B est le second. L'adverbe *ensuite* nous montre que A est terminé lorsque B commence. Nous avons donc une antériorité de A par rapport à B qui correspond à la définition ci-dessus.
Patron : **A ensuite B**.

3.4.1.2.2 Il y a antériorité soulignée,
soit par le choix d'un temps marquant l'antériorité, soit par l'emploi d'une conjonction ou d'une locution conjonctive.

✦ *Après que le Philharmonique de Berlin eut joué la 4e symphonie, il exécuta la 7ème.*

La locution conjonctive *après que* montre l'antériorité de jouer (=A) sur *exécuter* (=B). En outre,

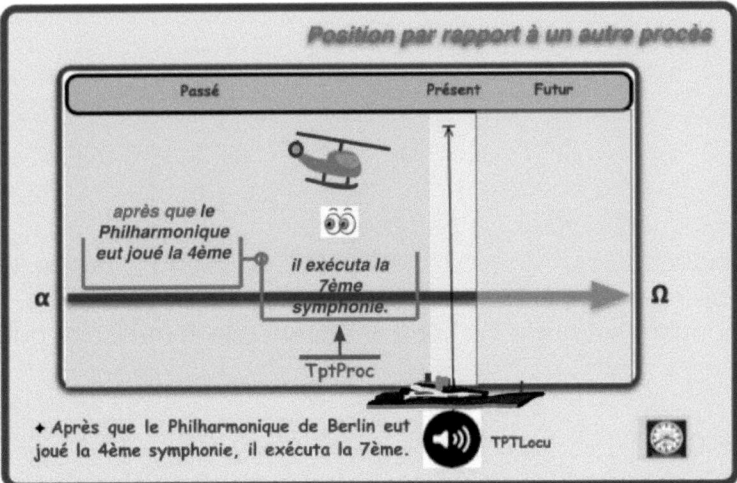

A est au **passé antérieur**, qui est le temps composé antérieur au passé simple de B. Comme nous voyons les choses de la principale, cela veut dire :

Patron : **B, mais seulement après A**.
Le choix du temps antérieur dépend de l'environnement dans lequel on se trouve : **S'il se trouve dans une subordonnée de temps**, on emploiera le tableau suivant :

Subordonnée De temps	Temps composé	Auxiliaire	Participe passé	Temps de la principale

Indicatif	Passé composé *Dès qu'elle a chanté,*	Au Présent *elle a*	chanté	Présent *elle danse*
	Passé antérieur *Dès qu'elle eut chanté,*	Au Passé simple *elle eut*		Passé simple *Elle dansa*
	Plus-que-parfait *Dès qu'elle avait chanté,*	A l'imparfait *elle avait*		A l'imparfait *Elle dansait*
	Passé surcomposé *Dès qu'elle a eu chanté,*	Au passé composé *elle a eu*		Passé composé *elle a dansé*
Futuro-conditionnel	Futur antérieur *Dès qu'elle aura chanté,*	Au futur simple *elle aura*		Futur simple *elle dansera*
	Conditionnel passé *Dès qu'elle aurait chanté,*	Au conditionnel présent *elle aurait*		Cond. présent *Elle danserait*

Mais si l'on se trouve dans une autre configuration telle que la **cause**, la **comparaison** ou la **relative**, on met davantage l'accent sur la cause, la comparaison ou la définition véhiculée par la relative et on emploiera alors un tableau simplifié :

Subordonnée Cause, comparaison	Temps composé	Auxiliaire	Participe passé	Temps de la principale
Indicatif	Passé composé *Dès qu'elle a chanté,*	Au Présent *elle a*	chanté	Présent *elle danse*
	Passé antérieur *Dès qu'elle eut chanté,*	Au Passé simple *elle eut*		Passé simple *Elle dansa*
	Plus-que-parfait *Dès qu'elle avait chanté,*	A l'imparfait *elle avait*		A l'imparfait *Elle dansait*
Futuro-conditionnel	Futur antérieur *Dès qu'elle aura chanté,*	Au futur simple *elle aura*		Futur simple *Elle dansera*
	Conditionnel passé *Dès qu'elle aurait chanté,*	Au conditionnel présent *elle aurait*		Cond. présent *Elle danserait*

◉ Certains modes ont une autre utilisation de l'antériorité.

◎ **Subjonctif présent, passé**
Admettons que je dise à mes enfants :

✦ *Je veux que vous finissiez vos devoirs quand je rentrerai.*
✦ *Je veux que vous ayez fini vos devoirs quand je rentrerai.*

« Je veux que » introduit un discours indirect : *vous finissez / vous avez fini* quand je rentre. Il y a ici trois procès, donc, trois points de référence :
Je veux, qui est dit au moment de la locution, est notre TptLocu. Vient ensuite le message qui exprime cette volonté :

✦ *Vous finissez quand je rentre (cas 1)*
✦ *Vous avez fini quand je rentre. (cas 2)*

La conjonction *quand* nous montre quel est le point de référence temporel qui nous intéresse : c'est le moment où je rentre. Et à ce moment-là, on regarde où en est le procès *faire les devoirs*.

Dans le cas n° 1, les enfants font encore les devoirs. Il est même possible qu'ils aient attendu que je rentre pour les commencer.

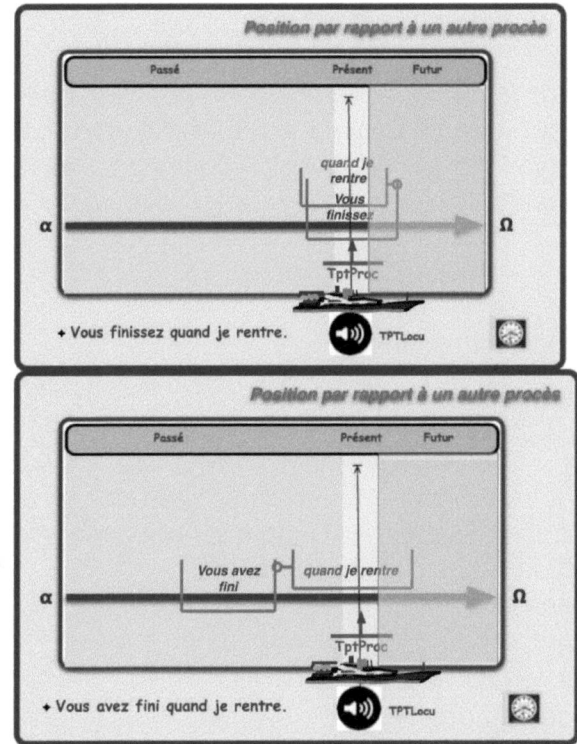

Dans le cas n°2, les enfants ont fini les devoirs quand je rentre. Dans ce cas, nous pourrons faire autre-chose ensemble.

Évidemment, seul le cas n° 2 présente un intérêt. Il n'y a aucune raison d'attendre mon retour pour finir des devoirs que l'on a déjà commencés. Au contraire, il y a un intérêt, pour la vie de famille, à ce que les devoirs soient terminés pour que l'on puisse envisager d'autres activités qui puissent être faites en commun.

Nous ne pouvons pas, comme pour les modes déjà analysés, qui nous permettent d'employer dans la même phrase un temps simple dans la principale et le temps correspondant, faire la même chose avec le subjonctif qui est commandé par l'emploi d'un verbe ou d'une conjonction qui le rend obligatoire. (voir Tpt11 : contraintes)

◎ **Impératif présent, passé**
- *Finissez vos devoirs quand je rentrerai.*
- *Ayez fini vos devoirs quand je rentrerai.*

L'impératif remplace ici la formule précédente : *je veux que*, par une expression directe de cette volonté. Le rapport entre la principale et sa subordonnée de temps est identique à celui du cas précédent : la principale est antérieure à la subordonnée dans le second cas, simultanée dans le premier.

◎ **Participe composé ou présent**
- *Ayant dansé toute la nuit, elle rentra fatiguée chez elle. (1)*
- *Dansant toute la nuit, elle oublia tous ses soucis. (2)*
- *Vos devoirs finis, vous pourrez regarder la télévision. (3)*
- *Vos devoirs étant finis, vous pourrez regarder la télévision. (4)*

Nous avons dans les deux premiers cas précédents une indépendante contenant un complément. Le troisième présente une participiale avec un participe à sujet propre « vos devoirs finis »

Dans les cas 1 et 2, on a l'équivalent de ce que nous avons vu dans le cas du subjonctif et dans celui de l'impératif. Le complément de temps du cas n° 1 est antérieur à l'action principale, la jeune fille rentrant chez elle après avoir dansé toute la nuit. Dans le cas n°2, le complément est simultané au procès du verbe principal. Elle a commencé à oublier ses soucis dès les premières danses pour les oublier complètement à la fin de la nuit.

Dans le cas n° 3, le participe passé « *finis* » doit être conjugué avec *être* pour pouvoir profiter de son sujet « *devoirs* ». Ainsi, « *vos devoirs* » est sujet d'un verbe au participe composé passif dont on a sous-entendu l'auxiliaire « *ayant été* ». Ce cas est une simplification de *Vos devoirs (ayant été) finis .(finir qc* : qc = *les devoirs*)

Dans le cas n° 4, le locuteur a constaté que les devoirs étaient finis (participe présent passif avec sujet propre) et en a déduit que les enfants allaient pouvoir regarder la télévision. Rappelons que le participe composé constate la fin du procès, alors que le participe passé constate le résultat. Ce sont les valeurs de Tpt7 (Partie du procès visée) :
- ➢ fin du procès : *Les devoirs finis / ayant été finis*
- ➢ Résultats du procès : *Les devoirs étant finis*

◎ Infinitif passé, présent
- ✦ *Il faudra avoir fini vos devoirs quand je rentrerai. (1)*
- ✦ *Il faudra finir vos devoirs quand je rentrerai. (2)*
- ✦ *Après avoir fini vos devoirs, vous pourrez regarder la télévision. (3)*

Nous retrouvons le problème bien connu du temps composé qui présuppose que la fin de l'action est atteinte (1), opposé au temps simple correspondant qui montre le procès en pleine action (2).

Dans le cas n°3, le sujet des deux procès est nommé : *vous*. Les deux verbes ayant le même sujet, on peut faire l'économie du sujet de l'infinitif passé.

Au lieu de :✦ *Quand vous aurez fini vos devoirs, vous pourrez regarder la télévision.*

Nous aurons :✦ *Après avoir fini vos devoirs, vous pourrez regarder la télévision.*

3.4.1.2.3 L'antériorité conditionnelle

Lorsque l'on a recours à la conditionnelle par *si*, on peut être amené à souligner l'antériorité de la condition à réaliser par rapport à la principale.

Prenons l'exemple bien connu de tous : *Tu as de bonnes notes. Je t'offre une bicyclette.*

✦ *Si tu as de bonnes notes à la fin du trimestre, je t'offrirai une bicyclette.* (1)

✦ *Si tu avais de bonnes notes, à la fin du trimestre, je t'offrirais une bicyclette.* (2)

✦ *Si tu avais de bonnes notes sur ton bulletin, je t'offrirais une bicyclette.* (3)

✦ *Si tu avais eu de bonnes notes, je t'aurais offert une bicyclette.* (4)

Il est clair que dans les quatre exemples, les bonnes notes entraîneront l'achat de la bicyclette. Le problème, c'est de savoir s'il y a de bonnes notes ou pas.

Pour expliquer ces temps, nous aurons recours à Tpt9 (degré de probabilité) et à Tpt12 (résultat escompté).

Cas n°	Subordonnée antérieure	Principale	Tpt9	Tpt12/époque
1	Présent (indicatif)	Futur simple (futuro-conditionnel)	50%	Possible dans le futur
	Si tu as de bonnes notes	*je t'offrirai une bicyclette*		
2	Imparfait (indicatif)	Futur simple (futuro-conditionnel)	10%	Douteux dans le futur
	Si tu avais de bonnes notes	*je t'offrirais une bicyclette*		
3	Imparfait	Futur simple (futuro-conditionnel)	0%	Raté dans le présent
	Si tu avais de bonnes notes	*je t'offrirais une bicyclette*		
4	Plus-que-parfait (indicatif)	Futur simple (futuro-conditionnel)	0%	Raté dans le passé
	Si tu avais eu de bonnes notes	*je t'aurais offert une bicyclette*		

> Le cas n° 1 représente un potentiel : la chose est encore possible à l'instant TptLocu.
> Le cas n° 2 représente un potentiel improbable : la chose est encore possible à l'instant TptLocu, mais le locuteur n'y croit pas trop.
> Le cas n° 3 représente un irréel du présent : la chose n'est plus possible à l'instant TptLocu (nous venons de recevoir le bulletin). C'est un irréel du présent dans lequel on exprime ce que l'on aurait fait dans le cas contraire.
> Le cas n° 4 représente un irréel du passé : la chose n'est plus possible à l'instant TptLocu (nous avons les résultats depuis longtemps). C'est un irréel du passé dans lequel on exprime ce que l'on aurait fait si la condition avait été réalisée.

Comme on le voit, la conjonction *si* nous oblige à des acrobaties. C'est le présent qui est l'antérieur du futur simple, l'imparfait celui du conditionnel présent, et le plus-que-parfait celui du conditionnel passé.

Les cas n°2 et 3 utilisent les mêmes temps. Ce sont les repères temporels (balises, indices temporels) qui nous montrent dans quel cas nous sommes. Si la principale (TptProc) a lieu au même moment que TptLocu, nous avons affaire à un irréel du présent. C'est le cas dans l'exemple 3 : nous avons le bulletin en mains, et nous pouvons voir les notes, que nous ne trouvons pas assez bonnes pour justifier l'achat de la bicyclette.

Dans l'exemple n°2, c'est la balise « à la fin du trimestre », se référant au futur, qui nous montre qu'il s'agit d'un potentiel. Cependant, nous estimons qu'il faudrait un miracle pour que les notes soient bonnes. Nous savons que le futur est une époque inaccessible tant que le moment n'est pas venu de créer un nouveau présent qui couvrira le moment envisagé dans le futur. Nous pouvons avoir de sérieux doute, mais nous ne pouvons pas savoir à 100% ce qui va se produire. Nous avons donc ici affaire à un potentiel (puisque c'est encore possible) assez improbable, car nous connaissons bien le fiston, qui nous dit « *si je voulais, je serais le premier de ma classe* », mais quand le voudra-t-il enfin ? Bien malin qui pourrait le dire avec certitude.

3.4.1.2.4 L'antériorité éloignée

Lorsqu'il faut aller chercher un fait intéressant en rapport avec un procès se réalisant dans une histoire dans un passé plus ou moins lointain, on emploie le plus-que-parfait pour marquer l'antériorité éloignée :

✦ *La chanteuse France Gall est décédée ce matin à l'âge de 70 ans. Elle avait remporté en 1965 le Grand Prix Eurovision de la Chanson pour le Luxembourg.*

Il faut donc sortir de la nouvelle du décès et remonter jusqu'en 1965 pour retrouver l'information concernant la victoire au concours.

3.4.1.3 La postériorité

Si le procès A est antérieur au procès B, on peut être sûr que B est postérieur à A. Tout dépend de l'éclairage que l'on donne aux événements. Bizarrement, on se sert en français beaucoup plus souvent du concept d'antériorité que de celui de postériorité, comme si le passé était plus intéressant que l'avenir. Ceci se comprend dans la mesure où le passé est rempli de procès, alors que le futur, lui, est vide de procès, et plein d'espoirs.

3.4.1.3.1 Qu'entend-on par postériorité ?

On dira qu'un procès B est postérieur à un procès A s'il commence après la fin de A.

✦ *James Bond se battit (A) contre cinq hommes avant de se rendre (B) à son rendez-vous amoureux.*

Lorsque James Bond se rend à son rendez-vous, il a fini de se battre. Ceci est souligné par la préposition *avant de*.

Comme pour l'antériorité, nous allons considérer plusieurs types de postériorité :
- La postériorité fortuite, dans laquelle un procès se trouve inopinément placé après un autre. C'est en quelque sorte le hasard qui fait que B arrive après A.
- La postériorité soulignée, pour laquelle on met exprès l'accent sur le fait que B arrive après A.

3.4.1.3.2 La postériorité fortuite.

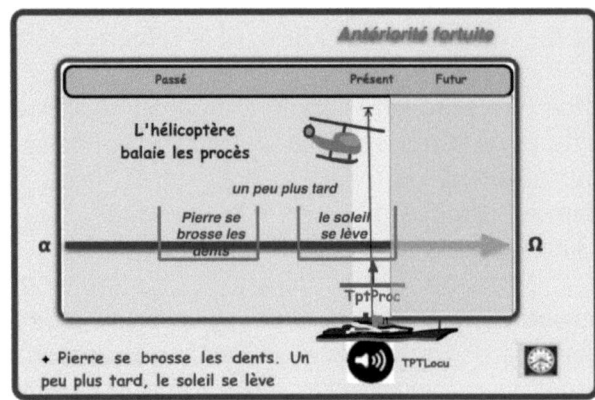

✦ *Pierre se brosse les dents . Un peu plus tard, le soleil se lève.*

Il n'y a aucun lien entre ces deux faits qui ont lieu de façon fortuite l'un après l'autre, car Pierre n'a aucune raison particulière de se brosser les dents avant le lever du soleil. S'il s'était brossé les dents après le lever du soleil, cela n'aurait rien changé.

Les deux procès effectuent un balayage devant TptProc, contemporain à TptLocu, et donc, au présent.

3.4.1.3.3 La postériorité soulignée.

✦ *Jacquot se dépêche d'éteindre la télé avant que ses parents ne rentrent.*

Cette fois, c'est la crainte du retour des parents qui déclenche le fait qu'il éteigne la télé. Il n'a sans doute pas le droit de la regarder quand il est seul et il a peur de se faire réprimander par ses parents. On voit bien le rapport logique. On comprendra pourquoi l'arrivée des parents doit être postérieure à l'extinction de la télé, si Jacquot veut s'éviter des problèmes avec ses géniteurs, qui croient qu'il travaille alors qu'il s'amuse.

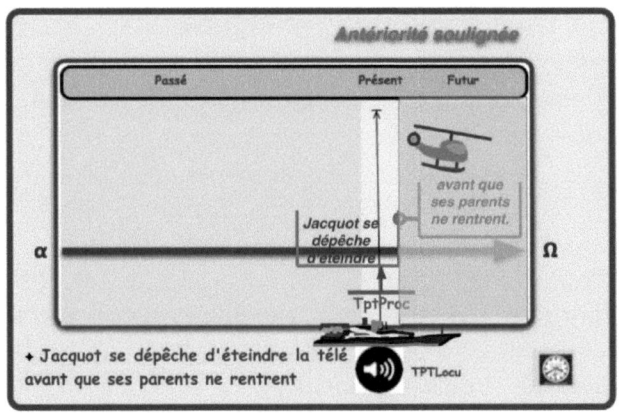

On a recours à l'expression de la postériorité en particulier dans certaines subordonnées circonstancielles :
- Subordonnées de temps
- Subordonnées de conséquence
- Subordonnées de but

Et sinon, chaque fois qu'il est important que B soit postérieur à A et que cela doit se savoir.

3.4.1.3.3.1 La subordonnée de temps

La subordonnée de temps insiste sur le rapport temporel entre la principale et la subordonnée. Cela se fait avec trois locutions conjonctives : *avant que, en attendant que, jusqu'à ce que*.

- *avant que :*
    - *Il faut réparer la fuite avant que la maison ne soit inondée.*

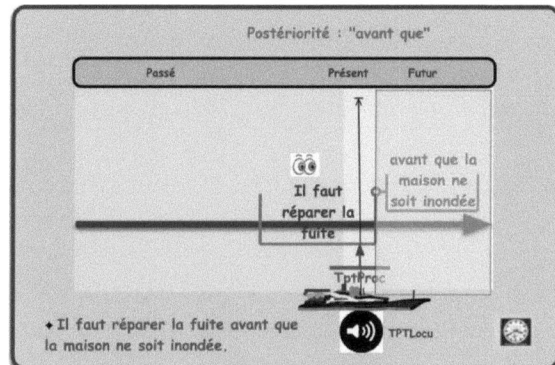

La subordonnée de temps introduite par *avant que* contient un procès qui menace au cas où l'on ne parviendrait pas à réaliser l'action principale, ici, la réparation de la fuite.

Le fait que, vu de la principale, le procès de la subordonnée n'a pas encore commencé, le rend peu sûr (Tpt9) puisqu'on doit se tourner vers le futur, ce qui amène à utiliser le subjonctif.

- *en attendant que :*
    - *En attendant que votre mère vienne vous chercher, vous pouvez faire vos devoirs.*

Dans cet exemple, le procès de la principale a lieu dans l'attente de l'arrivée du procès de la subordonnée. L'important n'est donc pas ce que l'on fait pendant le temps de la principale, mais l'arrivée de l'événement de la subordonnée.

Le subjonctif vient du fait que, vu de la principale, l'action de la subordonnée est dans le futur, et que donc, sa réalisation n'est pas certaine. On exprime ce manque de sûreté par l'emploi du subjonctif.

- *jusqu'à ce que :*
    - *Je vais apprendre mon rôle jusqu'à ce que je le sache parfaitement.*

Dans cet exemple, c'est le procès de la principale qui est le plus important, et que l'on veut faire jusqu'à l'arrivée du procès de la subordonnée.

On emploie le subjonctif pour les mêmes raisons que dans le cas précédent.

3.4.1.3.3.2 La subordonnée de but

Le but que l'on veut atteindre est forcément postérieur par rapport au procès de la principale, qui sert justement à se rapprocher de ce but jusqu'à l'atteindre. Selon Tpt9, sa réalisation n'est pas sûre et justifie ainsi l'emploi du subjonctif.

- *Mon amie a fait des études pour que ses parents la laissent tranquille.*

Tandis que mon amie fait ses études, nul ne sait si le but sera atteint un jour. C'est ce qui justifie l'emploi du subjonctif.

3.4.1.3.3.3 La subordonnée de conséquence

Partons du principe que la cause est antérieure à sa conséquence qui, elle, est postérieure à sa cause.

Contrairement au but ou au temps spécialisé dans la postériorité, la conséquence est un fait avéré, qui ne se met pas au subjonctif parce qu'elle n'est pas entachée de doute. D'ailleurs, si A est la cause de B, B est la conséquence de A. Ce sont les deux côtés d'un couple de procès, cause / conséquence, que l'on présente comme ayant lieu ensemble.

- *Il dut aller chez le dentiste parce qu'il avait perdu une dent.* (1)
- *Il avait perdu une dent, si bien qu'il dut aller chez le dentiste.* (2)

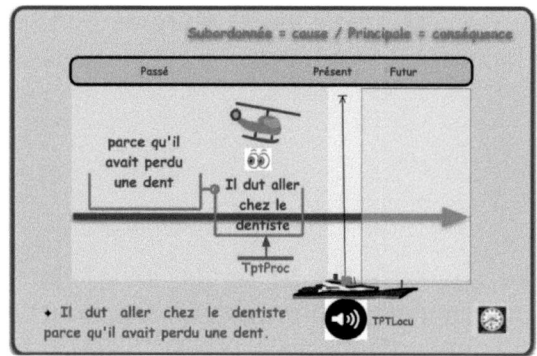 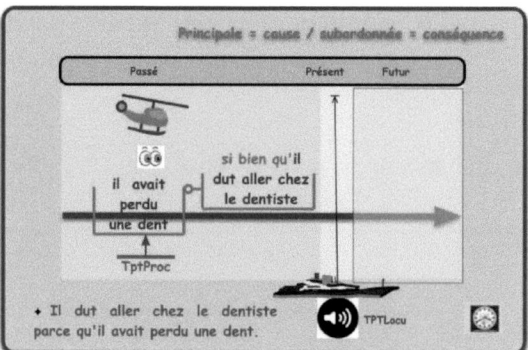

On remarquera que, dans les deux exemples, les temps restent identiques, même s'ils sont répartis différemment:

◉ Dans le cas 1 la principale (B= *il dut*) est au passé simple, alors que la cause (A = *il avait perdu*), contenue dans la subordonnée de cause, est au temps antérieur à tous les temps simples du passé : le plus-que-parfait.

◉ Dans le cas n° 2, la principale (A =il avait perdu) qui contient la cause, se trouve au plus-que-parfait, alors que la conséquence (B= il dut), placée dans la subordonnée de conséquence, est au passé simple.

◉ Ainsi, ce sont les temps, mais aussi les locutions conjonctives, qui nous disent que la cause est antérieure à la conséquence, et qu'inversement, la conséquence est postérieure à la cause, qu'elles soient dans la principale ou dans une subordonnée.

3.4.1.3.3.4 Remarque sur l'emploi des temps dans la postériorité.

Lorsqu'il s'agit de postériorité soulignée, la subordonnée de but et celle de temps se trouvera au subjonctif.
- ✦ *Il fait des études pour que sa mère le soutienne financièrement.*
- ✦ *Il a fait des études pour que sa mère le soutienne financièrement.*
- ✦ *Il fera des études pour que sa mère le soutienne financièrement.*

Sinon, tout dépend des circonstances.
- ✦ *Il fait de bonnes études si bien qu'il aura un bon métier. (1)*
- ✦ *Il fit de bonnes études si bien qu'il eut un bon métier. (2)*
- ✦ *Il avait fait de bonnes études si bien qu'il avait un bon métier. (3)*
- ✦ *Il aura fait de bonnes études si bien qu'il aura un bon métier. (4)*
- ✦ *Il a fait de bonnes études si bien qu'il a un bon métier. (5)*

Dans l'exemple (1), il fait des études maintenant et aura un bon métier plus tard.
Nous aurons donc : Principale au présent, conséquence au futur simple. Les deux procès sont indissociables. C'est le locuteur qui nous le garantit : pas de subjonctif.
(2) Les deux passés simples se suivent : d'abord les bonnes études, ensuite le bon métier. Et quand ce dernier commence, les études sont terminées. Il s'agit d'une antériorité fortuite : passé simple / passé simple.
(3) Les études sont antérieures dans le passé (antériorité soulignée) : plus-que parfait / Imparfait.
(4) Les études sont antérieures dans le futur (antériorité fortuite) : futur antérieur / futur simple.

(5) Le bon métier est la conséquence, postérieure mais certaine (d'où l'indicatif) au présent puisque, au moment présent, elle a toujours ce bon métier.

3.4.1.4 La simultanéité.

Voyons d'abord ce que nous entendons par simultanéité avant de voir ses multiples apparences.

3.4.1.4.1 Qu'entendons-nous par simultanéité ?

Il est clair que deux procès sont simultanés lorsqu'ils ont lieu en même temps. Mais cela signifie-t-il obligatoirement que A et B commencent et s'arrêtent en même temps ? Et s'ils n'ont qu'une portion de temps en commun, ne serait-ce qu'une seconde, pourra-t-on dire encore qu'ils sont simultanés ?

✦ *Quand il pleut, les escargots sortent de leur coquille.* (1)
✦ *Chaque fois qu'il pleut, les grenouilles chantent dans l'étang.* (2)
✦ *Plus on travaille, plus on est fatigué.* (3)
✦ *Moins on mange, et moins on grossit.* (4)
✦ *Au fur et à mesure que l'homme grandit, il change de caractère.* (5)
✦ *Plus je dors, moins je suis fatigué.* (6)
✦ *Il se douchait lorsque le téléphone sonna.* (7)
✦ *Autrefois, les gens allaient à pied. Aujourd'hui, ils se déplacent en voiture.* (8)

Commentaires sur les phrases :

N°	Exemples, procès A (qui commence la première) et procès B	Simutanéité
1	*Il pleut / les escargots sortent* : deux actions en simultanéité absolue	Fortuite absolue
2	*Il pleut / les grenouilles chantent* : deux actions en simultanéité absolue	Fortuite absolue
3	Les deux actions grandissent en même temps	Soulignées progressives
4	Les deux actions diminuent en même temps	Soulignées progressives
5	Les deux actions évoluent en même temps	Soulignées progressives
6	Les deux actions évoluent en sens inverse en même temps	Soulignées progressives
7	Les deux actions ont lieu en même temps à leur contact. B est au passé	Simultanées au contact
8	*Aujourd'hui* remplace *autrefois* : simultanées au contact. B au présent	Simultanée au contact : B remplace A

3.4.1.4.2 La simultanéité revêt plusieurs visages :

➢ Simultanéité fortuite (absolue ou non)
➢ Simultanéité soulignée
➢ Simultanéité au contact
➢ B remplace A : effet *autrefois/aujourd'hui*, simultanées au contact

3.4.1.4.2.1 Simultanéité fortuite (absolue ou non)

◉ Il est très difficile de trouver des procès qui ont rigoureusement lieu en même temps, c'est-à-dire qui commencent, se déroulent et se terminent en même temps.

✦ *Le soleil brille. Pendant ce temps, les cigales chantent.*

Ces deux procès ont lieu en même temps, sans que l'on sache lequel a commencé le premier. Les connaisseurs en cigales savent que les cigales attendent que le soleil soit bien haut dans le ciel avant qu'elles ne commencent à chanter. Mais ceci n'est pas dit dans l'exemple.

◉ On peut aussi employer la conjonction *quand* ou *lorsque*, qui est utilisée dans de très nombreux cas.

✦ *Quand il pleut, les escargots sortent de leur coquille.*

Il est clair que les deux procès sont simultanés. Pourtant, on reconnaît que l'action A est celle qui est introduite par *quand*. En effet, on décode ce cas grâce au patron :

Quand A, B =	D'abord commence A, puis B, mais tous les deux ont lieu en même temps.
	✦ *Quand il pleut, les escargots sortent de leur coquille.*
A quand B =	D'abord commence A, et B vient surprendre A : **simultanéité au contact**.
	✦ *Il pleuvait depuis dix heures quand l'orage se calma d'un coup.*

Ainsi, même si les deux procès sont présentés comme simultanés, on sait lequel a commencé le premier. Si l'on inversait les actions :
Quand les escargots sortent de leur coquille, il pleut, on se rend bien compte que cette fois, ce sont d'abord les escargots qui sortent de leur coquille, ce qui entraîne la pluie. Ici aussi, les escargots et la pluie cohabitent ensuite, mais la logique semble un peu malmenée par l'impression que ce sont les escargots qui entraînent la pluie. Dans l'autre sens, il était clair que c'était la pluie qui faisait sortir les escargots de leur coquille, ce qui semble évidemment plus conforme à la réalité.

Ainsi, l'exemple présente très bien l'ordre chronologique des débuts de procès, mais l'important, ce ne sont pas les détails, mais plutôt que les deux procès ont lieu ensemble. Il est toutefois important de bien choisir quel procès est introduit par *quand*.

3.4.1.4.2.2 Simultanéité soulignée

◉ Simultanéité progressive

Une autre forme de la simultanéité, cette fois soulignée, avec des détails est la simultanéité progressive. Celle ci-lance deux procès et présente leur évolution en parallèle. Ou bien ils augmentent, diminuent parallèlement, ou encore ils évoluent en sens contraire. On utilise pour cela les locutions conjonctives *au fur et à mesure que, à mesure que, plus... plus, moins ... moins, plus ... moins, moins ... plus* etc.

✦ *Plus on travaille, plus on est fatigué.* (1)
✦ *Moins on mange, et moins on grossit.* (2)
✦ *Au fur et à mesure que l'homme grandit, il change de caractère.* (3)
✦ *Plus je dors, moins je suis fatigué.* (4)

N°	Exemples	Simultanéité
1	Les deux actions grandissent en même temps	Soulignée progressive
2	Les deux actions diminuent en même temps	Soulignée progressive
3	Les deux actions évoluent en même temps	Soulignée progressive
4	Les deux actions évoluent en sens inverse en même temps	Soulignée progressive

◉ On peut aussi utiliser des locutions conjonctives marquant la simultanéité : *pendant que, tandis que, alors que.*

    ✦ *Pendant que la machine à laver fait la lessive, Monsieur Dupont passe l'aspirateur.* (1)

    ✦ *Tandis que la machine à laver tourne, les Dupont regardent la télévision.* (2)

    ✦ *Alors que la machine à laver tourne, les Dupont regardent la télévision.* (3)

Les trois locutions conjonctives ont quelque chose en commun. Selon Tpt7, nous dirons que ce qui nous intéresse, c'est la totalité des deux procès, de leur début à leur fin.

Dans (1) les deux procès sont simultanés. On pourrait permuter les deux propositions sans changer le sens de la phrase :

    ✦ *Pendant que Monsieur Dupont passe l'aspirateur, la machine à laver fait la lessive, Monsieur.* (1A)

La seule différence, c'est que dans 1, l'information la plus importante est que Monsieur Dupont passe l'aspirateur, alors que dans 1A, c'est l'action de la machine à laver, selon le principe maintes fois rappelé que le procès le plus important est situé à la fin de la phrase, là où est placé l'accent tonique, au niveau 1.

Dans (2), nous avons les mêmes propriétés, auxquelles nous ajouterons celle que *tandis que* contient l'idée de contraste. *La machine travaille, tandis que les Dupont s'amusent.*

Dans (3), L'emploi de *alors que* a la même valeur que *tandis que*. Mais cette locution conjonctive présente une propriété supplémentaire : les deux actions n'ont pas obligatoirement lieu en même temps, pourvu que soit exprimé un contraste. Dans l'exemple qui suit,

    ✦ *Monsieur Dupont utilise une machine à laver alors que sa grand-mère allait au lavoir.* (4)

les deux procès n'ont pas lieu en même temps, mais le contraste entre le fait de posséder une machine à laver et le fait de devoir aller s'échiner au lavoir est évident.

On trouvera la raison d'emploi de l'imparfait dans le paragraphe 9.4.4.4.2.4. Ce cas relève de la simultanéité au contact quand B remplace A (autrefois / aujourd'hui) § 9.4.4.4.2.3

Nous arrivons maintenant au cœur de l'emploi de l'imparfait : la simultanéité au contact.

3.4.1.4.2.3 Simultanéité au contact

Il existe parmi tous les cas de simultanéité une forme particulière, pour laquelle la simultanéité se réduit à un minimum : lorsqu'un procès A est encore en marche alors qu'un nouveau procès B commence, les deux procès ont lieu ensemble au moment du contact entre les deux. On ne peut pas dire que A soit antérieur à B, puisqu'au début de B, il n'est pas encore terminé. Selon les cas, ils pourront continuer ensemble, ou B interrompra A, ou encore A continuera alors que B s'arrête. Examinons les exemples suivants

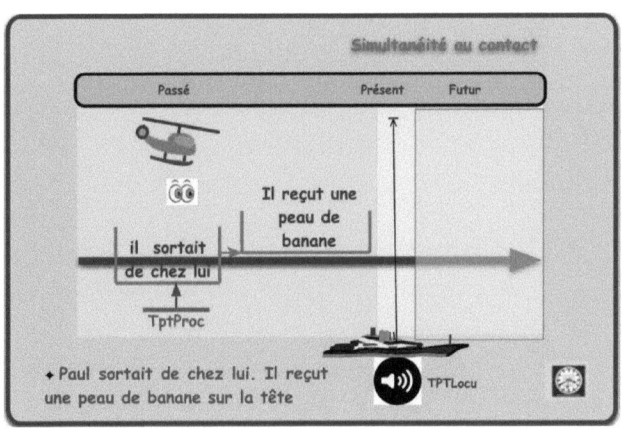

tout en analysant les diverses balises temporelles présentes. Ne perdons pas des yeux que notre but est de repérer si A est fini quand B commence.

    ✦ *Paul sort de l'immeuble. Il reçoit une peau de banane sur la tête.* (1)

    ✦ *Au moment où il sort de chez lui, il reçoit une peau de banane sur la tête.* (2)

- *A peine sort-il de chez lui qu'il reçoit une peau de banane sur la tête.* (3)
- *Quand il sort de chez lui, il reçoit une peau de banane sur la tête.* (4)
- *Il sort de chez lui quand il reçoit une peau de banane sur la tête.* (5)
- *Il sort de chez lui, puis, reçoit une peau de banane sur la tête.* (6)

N°	Commentaires		Légende
1	Par manque de balise temporelle, on ne sait pas si A est antérieur à B ou si A est en train lorsque B commence	A→∣B ou A⇧B	A = sortir / B = recevoir
2	Au moment où il sort. Il est en train de sortir lorsque B commence.	A→∣B	A→∣B = A et B simultanés au contact.
3	A peine sort-il : Il est juste en train de sortir lorsque B commence.	A→∣B	
4	Quand A, B : simultanéité	A⇔B	A ⇔B = simultanés
5	A quand B : A est en train. Il est surpris par A avant sa fin.	A→∣B	A⇧B = A antérieur à B.
6	A puis B = deux procès qui se suivent. A antérieur à B	A⇧B	

Lorsque la période visée est le présent, le fait que A et B soient simultanés au contact ou non est assez indifférent.

En revanche, dans la période du passé :
- Deux procès simultanés A ⇔B sont au même temps. (1)
- Deux procès simultanés au contact A→∣B sont, pour A, à l'imparfait, et pour B, au passé simple à moins que ce dernier ne soit interrompu par un procès C. (2)
- Deux procès A, B ou A est antérieur à B A⇧B. A est à un temps du passé, et B au même temps. (3a) C'est un cas d'antériorité fortuite.
- Deux procès A, B ou A est antérieur à B A⇧B : A est à un temps composé du passé, et B au temps simple correspondant. (3b) C'est un cas d'antériorité soulignée.

Ainsi :
- *Paul sortit de l'immeuble. Il reçut une peau de banane sur la tête.* (1)
- *Au moment où il sortit de chez lui, il reçut une peau de banane sur la tête.* (1a)
- *A peine sortait-il de chez lui qu'il reçut une peau de banane sur la tête.* (2)
- *Quand il sortit de chez lui, il reçut une peau de banane sur la tête.* (2a)
- *Il sortait de chez lui quand il reçut une peau de banane sur la tête.* (3)
- *Il sortit de chez lui, puis, reçut une peau de banane sur la tête.* (3a)
- *A peine eut-il quitté l'immeuble, qu'il reçut une peau de banane sur la tête.* (3b)

3.4.1.4.2.4 Comparaison de A avec B qui l'a remplacé (autrefois / aujourd'hui)

Lorsque l'on parle du passé A pour dire que c'était mieux que le présent B, ou au contraire, que B est bien meilleur que ne l'était A, car on a fait du progrès depuis, on a un cas particulier. On compare les deux époques et on fait comme si B avait remplacé A, quitte à oublier ce qui s'est passé entre A et B. Comme B remplace A, on fait comme si les deux procès étaient simultanés au contact. Bien sûr, A s'arrête à l'arrivée de B, mais il faut bien que A soit encore là lorsqu'arrive B. Alors, A se met à l'imparfait puisqu'il est interrompu par B, et B au présent puisqu'il est encore valable aujourd'hui.

- *Autrefois, il y avait quatre saisons bien marquées. Aujourd'hui, on passe directement de l'hiver à l'été.* (A→∣B)

✦ *Dans l'antiquité, les Romains allaient voir des hommes s'entretuer dans les arènes. De nos jours, les gens réclament une cellule psychologique dès qu'il y a un peu de sang qui coule.* (A→B).

Ici, on oublie joyeusement toute notre histoire des Romains jusqu'à aujourd'hui.

Remarque : Il faut repérer les balises temporelles pour pouvoir reconnaître si l'on a affaire à un cas *autrefois / aujourd'hui*. Voici quelques exemples où le passé est comparé au présent qui l'a remplacé. Le tout est d'arriver, en étudiant les balises temporelles, à reconnaître que le cas correspond à *autrefois* (A) comparé à *aujourd'hui* (B) et qui établit une simultanée au contact entre ce qui avait lieu autrefois et ce qui a lieu maintenant, quitte à oublier la période temps chronologique qui les sépare,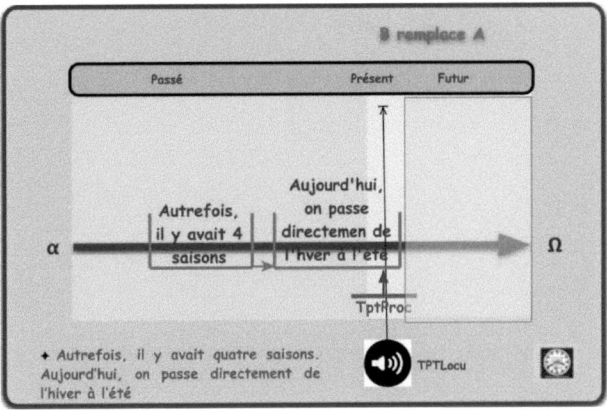
en faisant comme si B remplaçait A. Ainsi, A et B ont un moment en commun, le temps que B remplace A.

✦ *Le père de Sonia fouillait les poubelles. Elle, en revanche, possède un hôtel particulier à Paris.* (1)
✦ *Quand j'étais jeune, je courais le marathon. Maintenant, je suis essoufflé rien qu'à traverser la rue.* (2)
✦ *Elle est rentrée à l'Académie française alors que ses parents savaient à peine lire et écrire.* (3)

Commentaires :

1. Son père et sa façon de vivre sont comparés à Sonia et à sa richesse.
2. La jeunesse sportive est comparée à l'essoufflement d'aujourd'hui.
3. Cette académicienne, qui, donc, écrit des livres, est comparée à ses parents qui savaient à peine écrire.

Ce sont donc trois cas correspondant à *autrefois / aujourd'hui*, même si cela ne saute pas forcément aux yeux.

3.5 Tpt5 : Type de procès

Si l'on veut avoir une chance de bien choisir les temps, surtout lorsque l'on a le choix entre le passé simple et l'imparfait, il est important de comprendre qu'il existe des procès banals, qui fonctionnent individuellement, mais aussi des groupes de procès que les hasards du destin ont liés, ou qu'un procès déclencheur a rassemblés logiquement (cf. Tpt4). Lorsqu'il s'agit de choisir un temps, celui-ci vaudra, selon les cas, pour le procès seul ou pour le groupe (série ou train) dans lequel les actions se retrouvent liées.

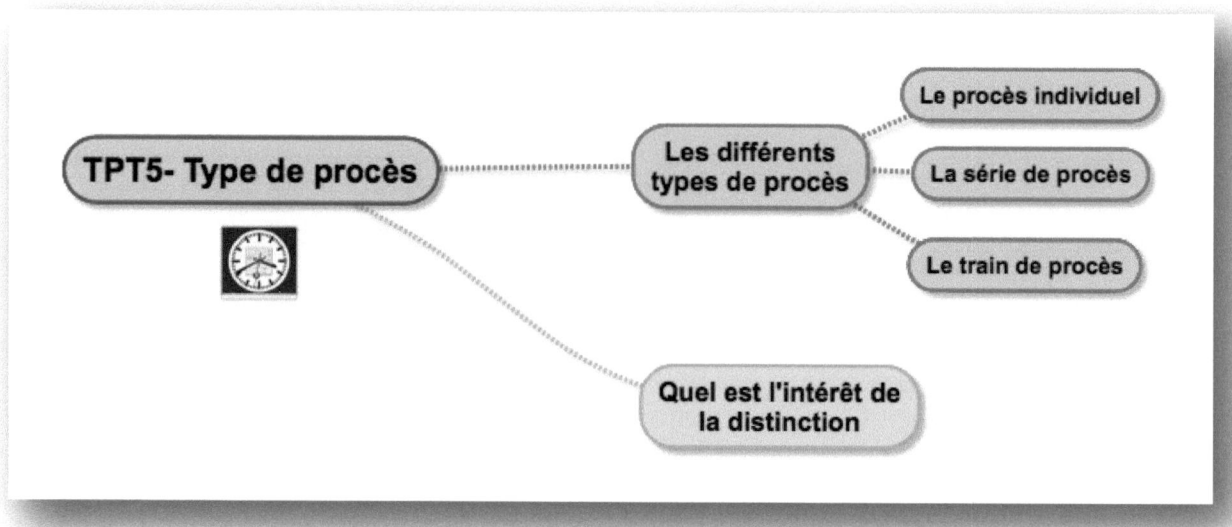

1.1.15. Les différents types de procès.

Il y a pour nous trois types de procès : le procès individuel, la série de procès et le train de procès.

⦿ Le procès individuel a lieu seul, sans rapport direct avec un autre.
   ✦ *Le voisin m'a apporté un colis hier soir. Je l'ai remercié.*
Le voisin fait un procès individuel. Le locuteur, de son côté, fait un autre procès individuel.

⦿ La série rassemble des procès qui ont lieu les uns à la suite des autres. Ces procès ont un rapport d'égalité entre eux :
   ✦ *L'ogre mit ses bottes, les nettoya, prit son chapeau et sortit.*
Les procès se succèdent dans le temps, sans qu'aucun ne soit privilégié par rapport aux autres. Mais ils sont liés par le fait que l'ogre fait une série d'actions qui se succèdent banalement.

⦿ Le train est une sorte de série dans laquelle un procès déclenche les autres.
   ✦ *Quand Pierre avait un travail difficile à faire, il le remettait au lendemain et devait le faire à toute allure la nuit avant la limite.*

Le procès déclenchant, c'est le fait d'avoir un travail difficile à faire, lequel suscite chez Pierre, victime de procrastination (= tendance à toujours remettre au lendemain), une grande envie de ne rien faire, l'amenant à repousser le moment de faire le travail. La veille du jour limite, il se met au travail et doit se dépêcher de rattraper le temps perdu. L'important, c'est de voir que *chaque fois que le procès déclenchant arrive, les actions induites suivent*.
Le déclenchement peut aussi être une date ou un événement.

   ✦ *Le 25 décembre, on fête Noël. Les enfants reçoivent des cadeaux, alors que les adultes mangent et boivent plus que de coutume.*
   ✦ *A la rentrée des classes, les enfants regrettent les vacances mais sont heureux de retrouver les copines et les copains.*

Dans le premier cas, c'est la date qui sert de déclencheur, dans le deuxième, un événement qui se reproduit régulièrement, mais à dates variables.

1.1.16. Quel est l'intérêt de faire cette distinction ?

Alors que chaque procès individuel doit être considéré indépendamment lorsque l'on veut déterminer le temps à utiliser, les procès qui font partie d'une série ou d'un procès sont solidaires. La réflexion porte donc sur l'ensemble de la série ou du train. C'est en particulier le cas quand il s'agit de savoir si l'on emploie l'imparfait ou le passé simple. Par exemple :

✦ *Mireille aimait la mer. Un jour, elle faillit se noyer.* (1a)
✦ *Mireille aima toute sa vie la mer.* (1b)
✦ *Mireille se rendait tous les ans au bord de la mer, descendait dans un hôtel et allait se baigner toute la journée. En 2016, elle dut rester chez elle pour soigner sa mère.* (2a)
✦ *Pendant tout son séjour en Ecosse, Mireille se rendit tous les ans au bord de la mer, descendit dans un hôtel et alla se baigner toute la journée.* (2b)
✦ *Quand Pierre montait sur un bateau, il avait mal au cœur et vomissait son dernier repas.* (3a)
✦ *Pendant les vacances en Grèce, quand Pierre monta sur un bateau, il eut mal au cœur et vomit son dernier repas.* (3b)

On peut voir que lorsque le procès (1a), la série (2a) et le train (3a) rencontrent un nouveau fait, on met chaque verbe à l'imparfait.
En revanche, lorsque le procès (1b), la série (2b) et le train (3b) se terminent sans être interrompus, on met chaque verbe au passé simple.

 Il est important de considérer ensemble les verbes qui font partie d'une même catégorie et qui sont solidaires lors du choix des temps. Voir aussi le § 9.6 (Fenêtres temporelles).

3.6 Tpt6 : Fenêtre temporelle et procès latents

La notion de **fenêtre temporelle** permet de traiter le problème des répétitions, lesquelles jouent un rôle éminent dans le choix des temps simples du passé de l'indicatif, à savoir l'imparfait et le passé simple. La fenêtre temporelle permet d'unifier les problèmes suivants :

➢ Début, fonctionnement et surtout fin des répétitions.
➢ Différence entre occurrence et ensemble de la répétition.
➢ Présence de procès latents, susceptibles d'être mis en route.
➢ Utilisation pratique des répétitions.
➢ Utilisation des temps.

Ce cahier des charges est une sorte de quadrature du cercle pour laquelle, contre toute attente, nous aurons une solution.

Les Tpt à travers les temps

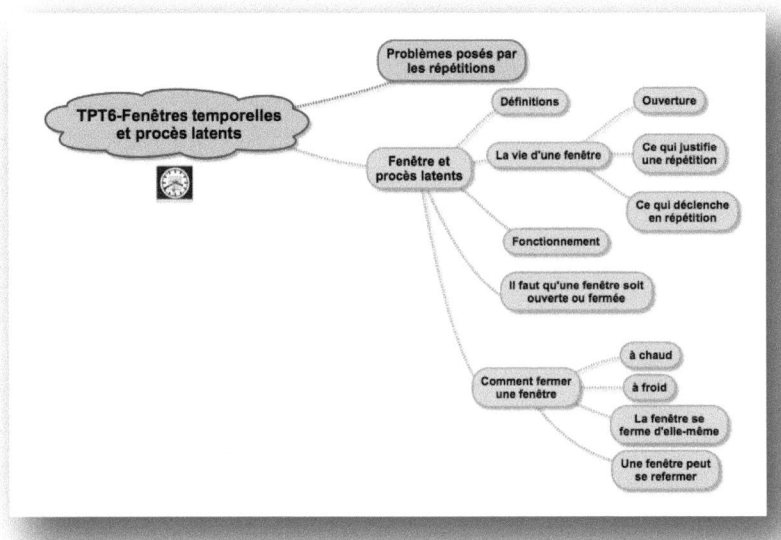

 1.1.17.   Problèmes posés par les répétitions

Une fenêtre temporelle est ouverte par la naissance d'une répétition. Elle est fermée lorsque cette répétition a cessé.

Partons d'un exemple concret qui s'est produit le 8 juin 1947.
✦ *Madame Dupont était fort lasse. Elle fit une petite sieste et retrouva tout son élan.*
Il est clair que, ce jour-là, on ne peut pas parler de répétition pour ce train comportant un procès déclenchant, *Mme Dupont était lasse*, et deux procès induits, *elle fit une sieste / elle retrouva son élan*. Il n'est donc pas encore question de fenêtre. Notons que l'imparfait *était* est justifié par le fait qu'elle est encore lasse lorsqu'elle commence sa sieste. Nous avons donc une **simultanéité au contact**. La sieste est le procès passé qui arrive au milieu de la fatigue, qui est à l'imparfait, et il est terminé lorsque l'élan au passé revient, donc antérieur à lui, d'où le passé simple. Cette antériorité fortuite précède un dernier procès passé qui s'arrête de lui-même, d'où le passé simple.

Admettons que Mme Dupont, deux mois plus tard, le 12 août 1947, se sente lasse à nouveau. Comme sa précédente sieste du 8 juin lui a fait du bien, elle décide d'en faire une autre, espérant qu'ainsi, elle retrouvera tout son élan. Cette fois, nous avons affaire à une répétition : les mêmes causes entraînent les mêmes effets.
On peut donc parler de répétition, puisque le procès déclenchant, la lassitude, entraîne le procès induit, la sieste, dont on espère qu'il sera suivi de la récupération de l'élan.

Notons que, la première fois, nous ne pouvons pas parler de répétition. Mais que dès la deuxième occurrence, nous pouvons la qualifier ainsi. Nous considérons qu'appartiennent à cette répétition deux occurrences, celle du 8 juin et celle du 12 août, et *nous en déduisons qu'une fenêtre a été ouverte*. Nous pouvons considérer cette famille d'occurrences comme nous le faisions à l'école en mathématique pour les variables :
  DupontLasseSieste (1) est la première occurrence, celle du 8.6.47.
  DupontLasseSieste (2) est la deuxième occurrence, celle du 12.8.47.
  DupontLasseSieste (Σ) est l'ensemble de toutes les occurrences.

Parler de répétition, cela revient soit à évoquer **une occurrence** DupontLasseSieste (X) soit toute la famille de ces occurrences DupontLasseSieste (Σ).

Les Tpt à travers les temps

Y a-t-il eu une autre occurrence ? En tout cas, la fenêtre a été ouverte, elle a une identité, DupontLasseSieste (X), et elle est prête à accueillir une nouvelle occurrence, et à conserver la famille entière DupontLasseSieste (Σ).
Il nous reste encore à écrire ce qui s'est passé :

⦿ Description de DupontLasseSieste (2) :
✦ *Le 12 août, Madame Dupont était fort lasse. Elle fit comme le 8.6.47 une petite sieste et retrouva tout son élan.*

⦿ Description de DupontLasseSieste (Σ) :
✦ *Quand Madame Dupont était fort lasse. Elle faisait une petite sieste et retrouvait tout son élan.*

Pour que notre interlocuteur sache de quelle occurrence il s'agit, nous mettrons le focus dessus. Quand on ne met le focus sur aucune occurrence en particulier, on parle de l'ensemble des occurrences.

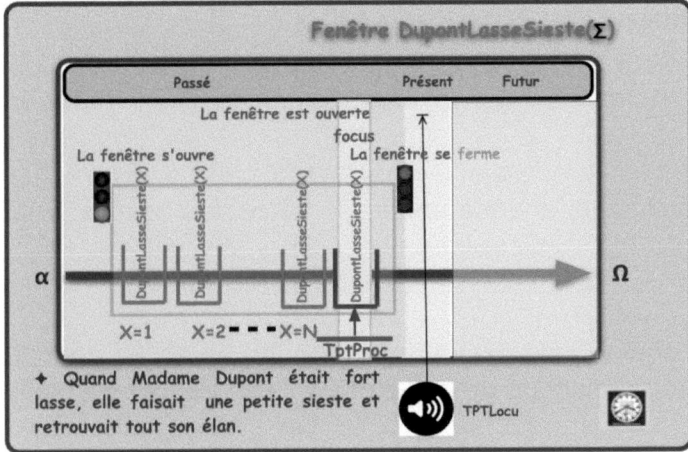

La fenêtre s'ouvre à la 1ère occurrence DupontLasseSieste(X) mais on ne se rend compte de son ouverture qu'à la 2ème occurrence DupontLasseSieste(2).
Le focus est mis ici sur l'occurrence (X=N+1). C'est là aussi que se trouve le repère TptProc.
L'ensemble de toutes les occurrences DupontLasseSieste(Σ) remplit la fenêtre.
Nous ne savons pas encore, à ce stade, quand cette fenêtre se fermera.

1.1.18. Fenêtre et procès latent
3.6.1.1 Définitions

Une fenêtre est un espace temporel qui s'ouvre pour permettre à un procès individuel, à une série ou à un train de se répéter.

Tant qu'elle reste ouverte, une répétition reste possible. Les procès peuvent alors être considérés comme latents, c'est-à-dire que la possibilité qu'ils se répètent est donnée, et qu'ils attendent pour se répéter que les conditions soient réunies : ici, *la lassitude* et *l'envie de se reposer*.

3.6.1.2 La vie d'une fenêtre
Une fenêtre sert dans plusieurs cas, mais toujours pour permettre une répétition. Comme expliqué ci-dessus, on peut se concentrer sur une occurrence particulière (X= numéro d'ordre de l'occurrence), ou évoquer la totalité des occurrences (Σ = toutes les occurrences ensemble avec le principe de la répétition).

3.6.1.2.1 Ouverture
Nous avons vu que l'on constatait l'existence d'une répétition, donc la présence d'une fenêtre, dès la deuxième occurrence, car, comme son nom l'indique, il n'y a répétition que si l'occurrence 2 ressemble à l'occurrence 1.

3.6.1.2.1.1 Ce qui justifie une répétition

Si Madame Dupont, quand elle se sentait lasse, faisait un jour la sieste, buvait un autre jour un petit remontant, recourait une autre fois à une séance de yoga, on ne pourrait pas parler de répétition. Ou alors, il faudrait trouver une façon différente de présenter les choses, en pratiquant la méthode du dénominateur commun. Par exemple :

✦ *Quand Madame Dupont est lasse, elle se détend.*

Ainsi, on a choisi ce que toutes les solutions ont en commun : un effet déclenchant la détente.

Et pour celles et ceux qui aiment les détails :

✦ *Quand Madame Dupont est lasse, elle se détend en faisant une sieste, en buvant un petit verre de remontant ou en faisant du yoga.*

Ce cas permet la répétition, quelle qu'en soit la version.

3.6.1.2.1.2 Ce qui déclenche la répétition

Une répétition peut suivre une certaine fréquence, donnée par une balise temporelle, ou elle est pilotée par le démarrage d'un procès déclencheur qui provoque le démarrage de plusieurs autres procès appelés **procès induits**.

✦ *Le 14 juillet, il y a un défilé, des bals populaires et un feu d'artifice.*

C'est la date de la fête nationale qui déclenche, chaque année, le défilé, les bals et le feu d'artifice.

✦ *Le jour de la fête des mères, les fleuristes vendent beaucoup de fleurs et les restaurants sont pleins à craquer.*

C'est l'événement de la fête des mères, dont la date est variable (dernier dimanche de mai), qui explique pourquoi les fleuristes vendent beaucoup de fleurs et les restaurants sont pleins à craquer.

✦ *Lorsque Jacques voit une araignée, ses cheveux se dressent, ses poils se hérissent et il est pris de tremblement.*

La vue de l'araignée est le déclencheur de la réaction. Les trois réactions sont les procès induits.

3.6.1.2.2 Comment se servir de la répétition

Dès que la fenêtre est ouverte, la répétition est possible, voire attendue. Si quelqu'un est au courant de l'arachnophobie (peur des araignées) de Jacques, et s'il a envie de lui poser des problèmes, il s'arrangera pour qu'il rencontre une araignée en escomptant que la vue de cet animal nouveau entraînera les réactions déjà apparues.
Comme les météorologues qui prédisent le temps en tenant compte de leurs observations, une personne mal intentionnée peut risquer une prédiction dans le cas de Jacques pour lui causer des problèmes.

Lorsque la date fatidique arrive, on voit si la répétition a lieu ou non. Beaucoup de répétitions ont lieu à la date ou dans les conditions prévues.

Lorsque la répétition dépend d'un procès déclencheur, on ne peut pas être sûr que celui-ci aura lieu. Dans le cas de Jacques, il se peut que, pendant très longtemps, il ne voie pas la moindre araignée, ce qui évidemment explique pourquoi les procès induits n'ont pas lieu. Mais il se peut aussi que le procès déclencheur ne déclenche plus rien, par exemple parce que

Jacques a consulté un psychologue qui l'a guéri de sa phobie (on peut toujours rêver !). Dans ce cas, la fenêtre s'est fermée auparavant, empêchant par conséquent toute répétition. Rappelons que nous pouvons observer la répétition en tant qu'occurrence individuelle ou en tant qu'ensemble de toutes les répétitions.

Voici des exemples selon les périodes : présent, passé ou futur.

exemples selon les périodes : présent, passé ou futur.		N°
Présent :	∑ → Quand il voit une araignée, ses cheveux se dressent sur sa tête.	1a
	X→ Il voit une araignée, si bien que ses cheveux se dressent sur sa tête.	1b
Passé :	∑ → Quand il voyait une araignée, ses cheveux se dressaient sur sa tête.	2a
	X→ Il vit une araignée, si bien que ses cheveux se dressèrent sur sa tête.	2b
Futur	∑ → Quand il verra une araignée, ses cheveux se dresseront sur sa tête.	3a
	X→ Il verra une araignée, si bien que ses cheveux se dresseront sur sa tête.	3b

∑ → Ensemble de toutes les répétitions   X→ une occurrence unique

3.6.1.2.3 Il faut qu'une fenêtre soit ouverte ou fermée

Fermer la fenêtre revient à mettre un terme à la répétition qu'elle contient.
Il y a plusieurs façons de refermer une fenêtre. Voyons cela dans des exemples.

3.6.1.2.3.1 Premier cas. Les faits :

✦ *Lorsque Johnny subit une contrariété, il boit pour se calmer un verre de whisky et fume une cigarette.*

Cette phrase se situe au moment présent TptLocu =TptProc. La conjonction *Lorsque* sert de balise temporelle, précisant à quel moment se produit le procès déclenchant : C'est quand Johnny subit une contrariété. Les procès induits sont *boire un verre* et *fumer une cigarette*.
Nous ne savons pas quand a commencé la répétition que nous nommerons JohnnyContrarié (∑). Ce que nous savons, c'est qu'elle a commencé, et que la fenêtre correspondante est ouverte. Pour qu'elle soit fermée, il faudrait que les répétitions soient stoppées.
Le scénario est alors :

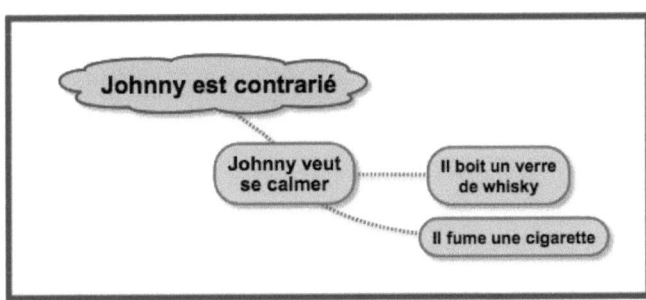

⊙ Procès déclencheur : Johnny est contrarié.
⊙ Procès induits pour se calmer :
→ Il boit un verre de whisky.
→ Il fume une cigarette.

Pour mettre cette phrase au passé, il y a plusieurs cas à envisager.

◉ Il s'agit d'une occurrence seule, qui s'est produite dans le passé :
✦ *Ce jour-là, Johnny subit une contrariété. Il but pour se calmer un verre de whisky et fuma une cigarette.*

Les trois procès se suivent, et forment une série (cf. Tpt5) le premier étant antérieur au deuxième, et le deuxième au troisième. Lorsque le deuxième commence, le premier est terminé. : il a fini de subir la contrariété. Ce procès est donc antérieur (il a commencé et il a fini avant le début du second.). Mais attention : il a subi sa contrariété (finie), mais il est maintenant contrarié (encore valable).

Nous devrions alors écrire :
> ✦ *Ce jour-là Johnny était contrarié. Il but un verre de whisky et fuma une cigarette.*

L'imparfait s'explique ainsi : Lorsqu'il commence à boire, il est encore contrarié. Nous avons donc ici une simultanéité au contact, et il est logique que l'on emploie pour le procès qui a commencé et n'est pas fini au début du deuxième l'**imparfait**.

◉ On évoque l'ensemble des répétitions, de la première occurrence à la dernière. Dans ce cas, il y au moins trois cas différents :

3.6.1.2.3.2 La fenêtre est encore ouverte au moment où je parle. (TptLocu)

Dans ce cas, il faudra employer le présent, comme nous l'avons fait au début de ce paragraphe :
> ✦ *Chaque fois que Johnny subit une contrariété, il boit pour se calmer un verre de whisky et fume une cigarette.*

Cette phrase est bien sûr produite au moment où a lieu la locution et se réfère à ce même moment : TptLocu =TptProc. La locution conjonctive *chaque fois que* sert de balise temporelle, précisant que l'on a affaire à une répétition, la fenêtre étant ouverte (cf. Tpt6). Au moment présent du locuteur, elle a déjà commencé depuis un moment et se reproduit *chaque fois que Johnny subit une contrariété*, ce qui est le procès déclenchant. Les procès induits sont chaque fois les mêmes : *pour se calmer, il boit du whisky et fume une cigarette.* A quel moment se produit le procès déclenchant ? C'est quand Johnny subit une contrariété, qui est le procès déclenchant (cf. Tpt4). Les procès induits sont *boire un verre* et *fumer une cigarette*.

3.6.1.2.3.3 La fenêtre est encore ouverte au moment passé dont je parle. (TptProc)

Dans ce cas, la répétition se reproduit chaque fois que le procès déclenchant a lieu. Et là, au moment TptProc, il vient d'avoir lieu, ce qui déclenche pour la Xème fois le trio « contrariété, whisky et cigarette ». Les trois verbes sont donc à l'imparfait.
> ✦ *Chaque fois que Johnny subissait une contrariété, il buvait pour se calmer un verre de whisky et fumait une cigarette.*

Notons que si un procès nouveau se produit, qui ne fait pas partie de la répétition, ce dernier peut être au passé simple.
> ✦ *Chaque fois que Johnny subissait une contrariété, il buvait pour se calmer un verre de whisky et fumait une cigarette. Ce jour-là, sa femme lui fit remarquer que ce n'était pas bon pour sa santé.*

L'imparfait dans le discours indirect est employé lorsque le verbe introducteur (*fit remarquer*) est à un temps du passé et que l'on aurait un présent au discours direct.
Notons que la remarque peut rester sans effet, ce qui n'empêchera pas la répétition de se reproduire, Johnny se moquant bien des remarques de sa femme.
Ou alors, cela l'amènera à réfléchir, et il fera lui-même des efforts pour mettre fin à cette répétition nuisible pour sa santé.

3.6.1.2.3.4 La fenêtre est fermée au moment passé dont je parle. (TptProc)

◉ Premier cas :
La fenêtre étant fermée à ce moment, la répétition ne peut plus se déclencher.
Si l'on parle de la répétition JohnnyContrarié (Σ), qui est passée et dont la fenêtre est fermée, tous les verbes de cette répétition devront être au passé simple, la répétition, maintenant arrêtée, ne pouvant plus être interrompue.

> ✦ *Toute sa vie, chaque fois que Johnny subit une contrariété, il but pour se calmer un verre de whisky et fuma une cigarette.*

La balise temporelle « *toute sa vie* » donne un début et une fin à la répétition, qui est donc fermée. La balise temporelle « *chaque fois que* » nous révèle la répétition. La fenêtre étant désormais fermée, les procès sont au passé simple.

◉ Deuxième cas :
> ✦ *Tout condamné à mort aura la tête tranchée.* (Marcel Pagnol *Le Schpountz*)

Un condamné à mort est une personne qui a été condamnée à la peine capitale. C'est l'action qui déclenche l'utilisation de la guillotine. Appelons ce procès répétitif Condamné(Σ).
Condamné(Σ) est au futur car il s'agit d'un extrait d'une loi tirée du code pénal. Cette loi définit de quelle manière il faudra à l'avenir exécuter les condamnés à mort. Cette loi interdit la pendaison, l'électrocution ou l'empoisonnement, méthodes utilisées dans d'autres pays. Le législateur pense à tous les cas de condamnations à mort qui seront prononcées à l'avenir. La répétition est évidente, mais, bien sûr, le "héros" change à chaque itération. Comme celui-ci est représenté fans la phrase par le terme de "condamné à mort", il y a bien itération. Ce terme agit comme un nom de variable dont la valeur change d'un cas sur l'autre.
La fenêtre a été ouverte par la promulgation de la loi. Le procès de l'emploi de la guillotine est un procès latent, qui attend la prochaine condamnation à mort. Selon Wikipédia, 57 condamnés à mort ont été guillotinés rien que de 1961 à 1977, le dernier sous Giscard d'Estaing à Marseille.
Tant que la fenêtre est ouverte, on évoque Condamné(Σ) pour dissuader les éventuels assassins de commettre un crime. On peut même montrer cette répétition dans une condition :
> ✦ *Si tu étrangles ta belle-mère, tu risques d'être condamné à mort, puis, guillotiné, car tout condamné à mort aura la tête tranchée.*

C'est en 1981 que le parlement ferme la fenêtre en abolissant la peine de mort sur un projet de loi présenté par Robert Badinter, garde des Sceaux, ministre de la Justice.
Étant donné qu'il n'y a plus de condamnation à mort, il n'y a plus d'exécution.

On ne peut donc plus employer cette phrase qu'au passé, se référant à la période avant 1981.

◉ Troisième cas :
> ✦ *Tout corps plongé dans un liquide reçoit une poussée de bas en haut égale au poids du liquide déplacé.* (Principe d'Archimède)

Nous voici face à une des plus anciennes lois de la physique, le principe d'Archimède qui peut nous servir à expliquer pourquoi un bateau de plusieurs tonnes flotte, alors qu'une brique de deux kilos coule au fond de l'eau.
Il s'agit là d'une répétition qui se produit chaque fois que l'on plonge un corps dans un liquide, par exemple, dans l'eau. Le fait de plonger le corps dans l'eau est le procès déclencheur. La création de la force, la fameuse poussée d'Archimède, est un procès induit.
Il est difficile de dire quand la fenêtre a été ouverte. Logiquement, le jour où le premier corps a été plongé dans un liquide, ce qui doit remonter à très longtemps. La fenêtre est encore ouverte, car il est difficile d'empêcher qu'un corps quelconque soit plongé dans un liquide
Ce procès latent, qui attend que le procès déclencheur se produise, est par la même occasion un événement prévisible. Les chantiers qui construisent un bateau savent même avant son lancement que celui-ci recevra une poussée dirigée de bas en haut suffisante pour assurer sa flottabilité. Ils profitent donc de leurs connaissances, qui sont représentées par la fameuse loi, pour construire leurs bateaux.
Comme la fenêtre est encore ouverte, cette règle devra se mettre au présent, ce qui n'empêche pas de parler d'une occurrence unique au passé ou au futur.

✦ *Le 4 juin 1783, la première Montgolfière, transportant un mouton et un canard, reçut une poussée d'Archimède suffisante pour décoller parce qu'elle contenait de l'air chauffé, plus léger que le même volume d'air froid ambiant déplacé.*

A un enfant qui veut faire naviguer un bateau qu'il a fabriqué lui-même :
✦ *Attention, Caroline. Ne mets pas trop de choses dans ton bateau. Quand tu le plongeras dans l'eau, il recevra une poussée de bas en haut égale au poids de l'eau qu'il déplace. Il faut que cette poussée soit plus importante que le poids du bateau chargé.*

3.6.1.3 Comment fermer une fenêtre.

Nous savons comment une fenêtre s'ouvre et comment on s'en sert. Il nous reste à savoir comment on la ferme. On peut la fermer à chaud ou à froid. Elle peut aussi se fermer seule, ou ne pas pouvoir être fermée du tout.

3.6.1.3.1 Fermer une fenêtre à chaud.

Prenons l'exemple de Julot, qui est couvreur, c'est-à-dire qu'il met des tuiles sur les toits en pente , ou étale des feuilles goudronnées avec un chalumeau sur les toits plats. En hiver, il est soumis au gel, à la pluie ou à la neige. En été, il est toute la journée en plein soleil, à la chaleur.

✦ *Chaque fois que Julot monte sur un toit, il est soumis aux intempéries et se demande ce qu'il fait là.* Couvreur(Σ) :

Julot n'est apparemment pas heureux d'être couvreur. Il peut mettre fin à son activité à chaud (même s'il gèle). C'est-à-dire que, alors qu'il se trouve sur le toit, il peut mettre fin à son activité.

Considérons une itération particulière, Couvreur(X) :

✦ *Ce jour-là, Julot monta sur le toit. Il faisait très chaud. Il se demanda ce qu'il faisait là et décida de changer de métier.*

→ « *Monta sur le toit* » : passé simple parce qu'il monte et finit de monter avant que quelque chose de nouveau n'arrive.

→ « *Il faisait très chaud* » : imparfait parce qu'il avait commencé à faire chaud avant qu'il ne monte, et qu'il faisait encore chaud quand il est monté. Il s'agit d'une simultanéité au contact.

→ « *Il se demanda* » : passé simple parce qu'il se demande et qu'il finit de se demander avant que quelque chose de nouveau n'arrive.

→ « *ce qu'il faisait là* » : imparfait dans le discours indirect après verbe introducteur (se demander) au passé : présent → imparfait. « *Qu'est-ce que je fais là ?* » → *Il se demanda ce qu'il faisait là.* (voir § 10 : *le discours rapporté*).

→ « *Il décida de changer de métier* » : passé simple parce qu'il décide et finit de décider avant que quelque chose de nouveau n'arrive.

Considérons maintenant l'ensemble des itérations : Couvreur(Σ)

✦ *Chaque fois que Julot montait sur un toit, il était soumis aux intempéries et se demandait ce qu'il faisait là. Un jour, il décida de changer de métier.*

Nous avons en gros les mêmes procès, à part le « il faisait chaud », remplacé par « il était soumis aux intempéries » car l'ensemble des itérations doit couvrir aussi bien les jours chauds que les jours froids, alors que l'itération particulière ne contient ici que le temps chaud, car ce jour-là, il faisait chaud.

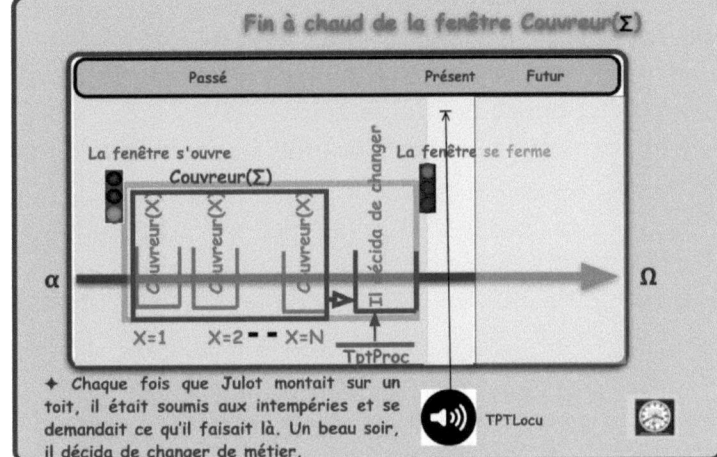

La balise temporelle *chaque fois que* montre bien qu'il s'agit d'une série de répétitions. Nous parlons bien de l'ensemble des itérations, et non pas de l'une en particulier.

→ « *Montait sur le toit* » : Procès déclenchant à l'imparfait parce que la fenêtre est encore ouverte, et que la répétition est encore en train.

→ « *Il était soumis aux intempéries* » : Procès induit à l'imparfait parce que la fenêtre est encore ouverte, et que la répétition est encore en train.

→ « *Il se demandait* » : Procès induit à l'imparfait parce que la fenêtre est encore ouverte, et que la répétition est encore en train.

→ « *ce qu'il faisait là* » : imparfait dans le discours indirect après verbe introducteur (se demander) au passé: présent → imparfait. « *Qu'est-ce que je fais là ?* » → *Il se demandait ce qu'il faisait là.*

→ « *Il décida de changer de métier* » : passé simple parce qu'il décide et finit de décider avant que quelque chose de nouveau n'arrive.

Notons qu'il y a simultanéité au contact entre l'itération actuelle, encore en train, et la décision d'arrêter, qui clôt la fenêtre.

3.6.1.3.2 Fermer une fenêtre à froid.

Julot peut aussi bien redescendre le soir, et se demander, dans la soirée, alors qu'il sirote une bière devant la télé, s'il ne vaut pas mieux changer de métier.

> ✦ *Chaque fois que Julot montait sur un toit, il était soumis aux intempéries et se demandait ce qu'il faisait là. Un beau soir, il décida de changer de métier.*

Les temps sont exactement les mêmes que dans la version à chaud.
C'est compréhensible puisque l'important, ce n'est pas qu'il arrête en pleine action (version à chaud), mais que la fenêtre soit encore ouverte au moment où il prend sa décision de la fermer.

3.6.1.3.3 Une fenêtre peut se fermer seule.

Il suffit pour cela que quelque chose empêche toute nouvelle itération. Par exemple, Julot a un accident qui l'empêche de poursuivre son travail. Ou son patron lui confie une autre tâche, comme par exemple l'achat de matériel (outils, tuiles, goudron, rouleaux etc.). Il n'a alors plus besoin de travailler des heures au froid ou à la chaleur.

Lorsque l'on parlera de son travail sur les toits, il faudra soit parler d'un jour particulier, soit de l'ensemble des itérations de l'ouverture à la fermeture.

> ✦ *Le jour de son cinquantième anniversaire, Julot monta sur le toit. Il faisait très chaud. Il se demanda ce qu'il faisait là au lieu de fêter ses 50 ans.*

La balise « *Le jour de son cinquantième anniversaire* » montre qu'il s'agit d'une itération particulière Couvreur(X), donc, de procès individuels.

→ « *Monta sur le toit* » : passé simple parce qu'il monte et finit de monter avant que quelque chose de nouveau n'arrive.

→ « *Il faisait très chaud* » : imparfait parce qu'il avait commencé à faire chaud avant qu'il ne monte, et qu'il faisait encore chaud quand il est monté. Il s'agit d'une simultanéité au contact (voir Tpt4).

→ « *Il se demanda* » : passé simple parce qu'il se demande et qu'il finit de se demander avant que quelque chose de nouveau n'arrive.

→ « *ce qu'il faisait là* » : imparfait dans le discours indirect après verbe introducteur (se demander) au passé : présent → imparfait.

✦ « *Qu'est-ce que je fais là ?* » → *Il se demanda ce qu'il faisait là.* (Voir le discours indirect.)

Si l'on parle maintenant de l'ensemble des itérations de cette fenêtre désormais fermée.

✦ *Aussi longtemps que Julot monta sur un toit, il fut soumis aux intempéries et se demanda ce qu'il faisait là.*

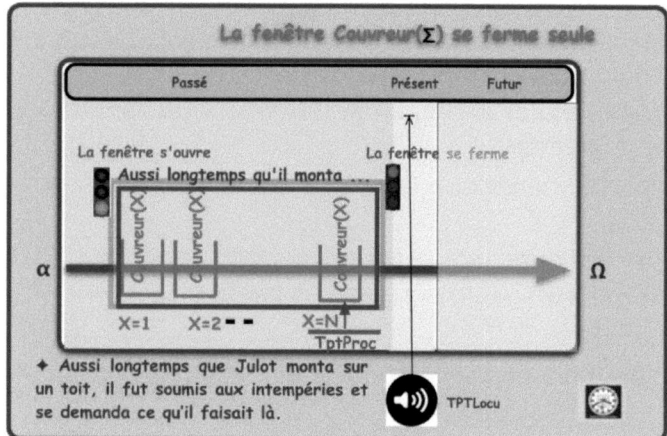

La balise « *Aussi longtemps que* » Montre bien que la fenêtre a un début et une fin, puisqu'elle s'occupe de la période entière où cette itération Couvreur(Σ) a eu lieu, sans toutefois préciser les dates.

→ « *Monta sur le toit… fut soumis … se demanda* » : passé simple parce que la fenêtre étant fermée, l'ensemble des itérations déjà passées ne pourront plus être interrompues par une nouvelle action.

→ « *ce qu'il faisait là* » : imparfait dans le discours indirect après verbe introducteur (se demander) au passé : présent → imparfait.

✦ « *Qu'est-ce que je fais là ?* » → *Il se demanda ce qu'il faisait là.*

3.6.1.3.4 Une fenêtre peut ne pas pouvoir être fermée

Nous avons vu à propos de la poussée d'Archimède un exemple que l'on ne pouvait pas arrêter.

Il en est de même pour tout ce qui aura des chances d'exister encore lorsque le dernier homme aura disparu et que plus personne ne pourra parler des répétitions :

✦ *La Terre fait le tour du Soleil en 365 jours et quart.*

Il en est ainsi depuis 4,5 milliards d'années, et ce n'est pas demain que cela s'arrêtera, sauf si le Soleil ou la Terre venaient à disparaître au cours de cette nuit.

3.6.1.4 Fenêtre et temps

Voici des exemples selon les périodes : **présent, passé ou futur**.

exemples selon les périodes : présent, passé ou futur.	N°
Présent : Σ → Quand il voit une araignée, ses cheveux se dressent sur sa tête.	1a
X→ Il voit une araignée, si bien que ses cheveux se dressent sur sa tête.	1b
Passé : Σ → Quand il voyait une araignée, ses cheveux se dressaient sur sa tête.	2a

		X→ Il vit une araignée, si bien que ses cheveux se dressèrent sur sa tête.	2b
		∑ → Quand il vit une araignée, ses cheveux se dressèrent sur sa tête.	2c
Futur		∑ → Quand il verra une araignée, ses cheveux se dresseront sur sa tête.	3a
		X→ Il verra une araignée, si bien que ses cheveux se dresseront sur sa tête.	3b

∑ → Ensemble des répétitions   X→ une occurrence

N°	Époque	Commentaires
1a	Présent	Présent / présent : ensemble de répétitions TptLoc = présent
1b		Présent / présent : une occurrence TptLoc = présent
2a	Passé	Imparfait / imparfait : ensemble de répétitions TptLoc = passé fenêtre ouverte
2b		Passé simple : une occurrence TptLoc = passé
2c		Passé simple / passé simple ensemble de répétitions TptLoc = passé fenêtre fermée
3a	Futur	Futur simple / futur simple: ensemble de répétitions TptLoc = futur
3b		Futur simple:/futur simple : une occurrence TptLoc = futur

3.7 Tpt7 : Partie du procès visée

La langue française et ceux qui l'ont façonnée adorent les temps. Non seulement nous avons 23 temps à la voix active, mais en plus, nous découpons le temps en tranches. En effet, tous les procès ne nous intéressent pas de la même façon. Selon les cas, c'est une partie ou une autre qui nous intéresse particulièrement. Cela peut être :
- Le moment juste avant le début du procès.
- Le début du procès.
- Le corps du procès.
- La fin du procès.
- Le moment juste avant la fin du procès.
- L'ensemble du procès.
- Le moment juste après la fin du procès

1.1.19. Topogramme de la partie du procès visée

Les Tpt à travers les temps

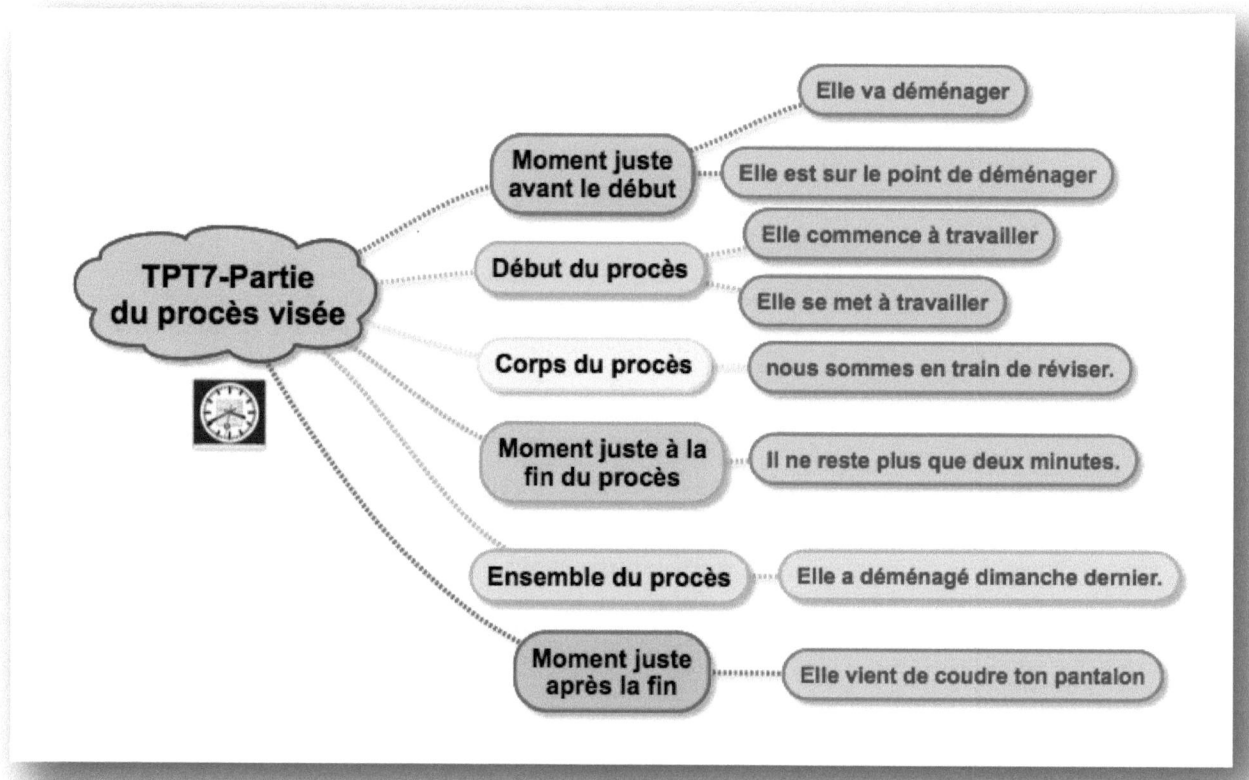

Nous reprenons le graphique de 7 que nous adaptons.

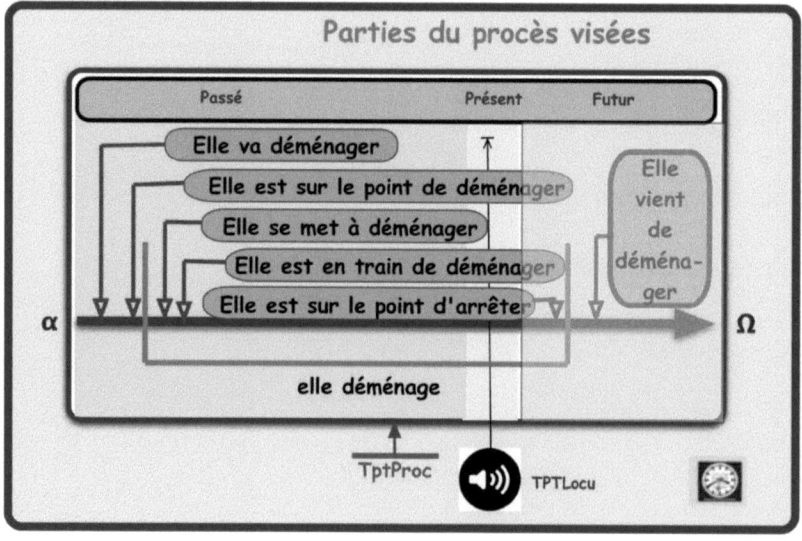

On peut voir sur le graphique de gauche où se replacent, sur l'axe des temps, les différentes expressions, qui se répartissent avant, pendant ou après le procès dont on parle.

Nous allons examiner ce problème à travers les trois époques que nous avons définies dans Tpt1.

1.1.20. Les faits et résumés / n° du paragraphe correspondant :

L'histoire en détail, relatée à l'instant TptLocu	Résumé	§
Zézette, qui habite à Marseille, ne supporte plus le quartier dans lequel elle vit, qu'elle trouve trop bruyant, trop sale. Elle prend donc sa décision : elle va déménager. Elle prépare sa fuite en se	Moment juste avant le début : ✦ *Elle ne peut plus le supporter et veut le quitter. Elle va déménager.*	9.7.3.

trouvant d'abord un logement. Puis, elle loue un camion pas trop cher et fixe une date : mardi prochain.	✦ *Elle est sur le point de déménager.*	
La semaine suivante commence le déménagement. Les amis qui sont venus se mettent à transporter les premiers cartons dans le camion. Ces cartons sont descendus les uns après les autres.	Le début du procès ✦ *Elle commence à déménager.* ✦ *Les amis se mettent à porter les cartons.*	9.7.4.
Cela fait deux bonnes heures que les amis sont en train de vider l'appartement pour remplir le camion. Les cartons ont tous été descendus. Le tour des meubles est venu.	Le corps du procès ✦ *Les amis sont en train de vider l'appartement.*	9.7.5.
Il reste encore deux gros morceaux : le réfrigérateur et le lave-linge, que les déménageurs ont gardés pour la fin. Ils prennent des forces en mangeant du chocolat, puis, commencent par le réfrigérateur.	La fin du procès ✦ *Il reste encore deux gros morceaux : le réfrigérateur et le lave-linge, que les déménageurs ont mis de côté pour la fin.*	9.7.6.
La machine à laver vient de quitter l'appartement. Elle descend en ce moment l'escalier. Les déménageurs, au nombre de trois, soufflent comme des bœufs. C'est une Miele, une machine de haut de gamme, mais qui pèse le poids d'un âne mort.	Moment juste avant la fin ✦ *Le dernier objet, la machine à laver, vient de quitter l'appartement.*	9.7.7.
Zézette vient à peine de déménager que les nouveaux locataires arrivent avec leurs meubles, leur chat et leurs deux gosses.	Moment juste après la fin ✦ *Zézette a fini de déménager.* ✦ *Les nouveaux locataires arrivent déjà*	9.7.8.
Zézette a déménagé aujourd'hui. Les opérations ont commencé à 8 heures et se sont terminées à midi. Tout s'est bien passé.	Totalité du procès ✦ *Zézette a déménagé aujourd'hui.* ✦ *Le déménagement a duré de 8 heures à midi.*	9.7.9.

1.1.21. Le moment juste avant le début du procès.

3.7.1.1 Généralités

Nous allons étudier les résumés tout en les racontant, placés dans les trois périodes : présent, passé et futur

3.7.1.2 Époque du présent

✦ *Comme elle ne peut plus le supporter, elle décide de le quitter. Elle va déménager.*

✦ *Elle est sur le point de déménager.*

On ne voit pas dans « *Comme elle ne peut plus le supporter et décide de le quitter* », que nous avons une simultanéité au contact. Comme le moment présent évolue avec ce que nous racontons, tous les verbes sont au présent.

Il existe pourtant une façon de s'évader de ce présent : c'est l'utilisation d'une expression verbale introduisant un infinitif :

> *Elle va déménager.*
> *Elle est sur le point de déménager.*

Ces deux formes se décomposent en un verbe conjugué et un autre à l'infinitif :
Le premier est conjugué au présent et montre bien ce qui se passe au moment présent : c'est maintenant **qu'elle va dans sa tête**, qu'elle prend une décision sur un procès futur, qui est

exprimé à l'infinitif : *déménager*. C'est maintenant qu'elle se trouve à très peu de distance (*elle est sur le point de déménager*) de son déménagement.

Ces expressions verbales introduisant un infinitif sont assez courantes. On en utilise plusieurs dans nos exemples :

> - Aller + infinitif.
> - Être sur le point de + infinitif.
> - Commencer à + infinitif.
> - Se mettre à + infinitif.
> - Être en train de + infinitif.
> - Finir de + infinitif.
> - Venir de + infinitif.

Vous retrouverez sans difficulté ces expressions sur notre graphique pour voir quand elles se replacent sur l'axe des temps

Notons que « *aller + infinitif* » et « *venir de + infinitif* » ne s'emploient qu'au présent et à l'imparfait de l'indicatif. Certains auteurs les considèrent comme des auxiliaires. A notre avis, cette analyse n'est pas bonne,
> - d'abord parce que les auxiliaires français, *avoir* et *être*, s'emploient à tous les modes, et à tous les temps,
> - ensuite parce qu'ils sont suivis d'un participe passé, et non pas d'un infinitif,
> - et enfin parce que « *avoir* » et «*être* » ont perdu, lorsqu'ils sont employés comme auxiliaire, leur sens de base : dans *elle a perdu toutes ses affaires*, elle n'a plus rien. Dans : *il est mort*, il n'est plus rien.

3.7.1.3 Époque du passé

✦ *Comme elle ne pouvait plus le supporter, elle décida de le quitter. Elle allait déménager.*

✦ *Elle était sur le point de déménager.*

Au passé, nous allons devoir choisir entre le passé simple (passé composé à l'oral) et l'imparfait.

Quand elle décide de le quitter, elle ne peut plus le supporter. Elle a commencé à ne plus le supporter avant qu'elle ne le quitte, et cela dure encore au moment de sa décision. Nous avons ici une simultanéité au contact (cf. Tpt4), et nous devons mettre *pouvoir* à l'imparfait.

Ceci est valable aussi pour l'exemple suivant : elle était sur le point de déménager. Au moment où on l'observe, elle est encore **sur le point de** faire quelque chose : de **déménager**.

3.7.1.4 Époque du futur

✦ *Comme elle ne pourra plus le supporter, elle décidera de le quitter. Elle déménagera.*

✦ *Elle sera sur le point de déménager.*

Comme nous l'avons remarqué plus haut, on ne peut pas mettre **aller + infinitif** au futur. Il faut donc formuler l'idée autrement.

Remarquons que **elle ira manger** est tout-à-fait possible. Mais dans ce cas, il s'agit du verbe **aller** qui signifie : **se déplacer**, et non pas du constituant du futur proche.

Bien sûr, tout ce qui est futur est au futur.

1.1.22. Le début du procès.

3.7.1.5 Époque du présent

✦ *Elle commence à déménager.*
✦ *Les amis se mettent à porter les cartons.*

Se mettre à + infinitif, désigne le tout début d'un procès. Exemple : *il se met à pleuvoir* désigne les premières gouttes qui tombent.

3.7.1.6 Époque du passé
✦ *Elle commença à déménager.*
✦ *Les amis se mirent à porter les cartons.*

Dans chacun des deux cas, le début de l'action est passé. Donc, on commence, puis on finit de commencer, et ensuite, on est en train.

3.7.1.7 Époque du futur
✦ *Elle commencera à déménager.*
✦ *Les amis se mettront à porter les cartons.*

Là encore, tout ce qui est futur est au futur.

1.1.23. Le corps du procès.

C'est le procès lui-même qui nous intéresse, le moment où le procès est en train.

✦ *Quand je suis allé le voir, il était en train de tondre la pelouse.*

L'expression « **être en train** » montre bien que le procès est en cours. Comme le procès *je suis allé le voir* intervient à un moment où le procès « **être en train de tondre la pelouse** » est encore en marche, nous avons affaire à une simultanéité au contact, qui justifie pour l'action en train l'emploi de l'imparfait.

3.7.1.8 Époque du présent
✦ *Les amis sont en train de vider l'appartement.*

« **Être en train de** » correspond à la forme progressive anglaise (cf. Cambacédès/Meunier 2017). On met l'accent sur le fait qu'ils sont en plein travail : cela fait deux heures qu'ils sont au travail, et quand on en parle, ils n'ont pas encore fini. C'est cette expression qui nous montre la simultanéité au contact.

3.7.1.9 Époque du passé
✦ *Les amis étaient en train de vider l'appartement.*

Comme décrit ci-dessus, quand on parle d'eux, ils sont encore au travail : il s'agit donc encore d'une simultanéité au contact.

3.7.1.10 Époque du futur
✦ *Les amis seront en train de vider l'appartement.*

Ce qui est placé dans le futur est au futur.

1.1.24. La fin du procès.

3.7.1.11 Époque du présent
✦ *Il reste encore deux gros morceaux : le réfrigérateur et le lave-linge, que les déménageurs ont mis de côté pour la fin.*

Il reste encore les deux gros morceaux à transporter C'est encore vrai au moment TptLocu(= le temps de la locution). Le verbe est donc au présent.
Ils ont mis de côté est au passé composé parce que cela signifie qu'ils les avaient mis de côté juste avant. Ce verbe est au passé composé parce qu'antérieur au présent *il reste*.

3.7.1.12 Époque du passé

✦ *Il restait encore deux gros morceaux : le réfrigérateur et le lave-linge, que les déménageurs avaient mis de côté pour la fin.*

Il restait encore 2 morceaux lorsque la suite arrive. Il y a donc simultanéité au contact entre ce verbe et la suite, et on le met à l'imparfait. Comme ce procès a eu lieu avant, vraisemblablement au début du déménagement, il s'agit d'une antériorité que l'on met au plus-que-parfait, car située avant un imparfait (passé composé – présent / plus-que-parfait – imparfait). Notez le parallèle avec le passé composé au présent.

3.7.1.13 Époque du futur

✦ *Il restera encore deux gros morceaux : le réfrigérateur et le lave-linge, que les déménageurs auront mis de côté pour la fin.*

L'antériorité de *auront mis* par rapport à *il restera* sera ici marquée par le futur antérieur, qui est le temps composé antérieur au futur simple.

1.1.25. Le moment juste avant la fin du procès.

3.7.1.14 Époque du présent

✦ *Le dernier objet, la machine à laver, est sur le point de quitter l'appartement.*

Ce cas fonctionne comme 9.7.3.4., avec *être sur le point de + quitter*.

3.7.1.15 Époque du passé

✦ *Le dernier objet, la machine à laver, était sur le point de quitter l'appartement.*

Ce cas fonctionne comme 9.7.3.4., avec *être sur le point de + quitter*.

3.7.1.16 Époque du futur

✦ *Le dernier objet, la machine à laver, sera sur le point de quitter l'appartement.*

Ce cas fonctionne comme 9.7.3.4., avec *être sur le point de + quitter*.

1.1.26. Le moment juste après la fin du procès

✦ *Zézette a fini de déménager.*
✦ *Les nouveaux locataires arrivent déjà*

3.7.1.17 Époque du présent

Quand les nouveaux locataires arrivent, le déménagement est fini, d'où le passé composé. Comme les locataires sont en train d'arriver, on met le verbe au présent.

3.7.1.18 Époque du passé

✦ *Zézette avait fini de déménager.*
✦ *Les nouveaux locataires arrivaient déjà*

Quand les nouveaux locataires arrivent, le déménagement est fini, d'où le temps composé, le plus-que-parfait, qui est antérieur à tous les temps du passé sauf dans la subordonnée de temps. (cf. § 11.3.1.2) : *Zézette avait fini*. Comme les locataires sont en train d'arriver, on met le verbe à l'imparfait.

3.7.1.19 Époque du futur

✦ *Zézette aura fini de déménager.*

✦ *Les nouveaux locataires arriveront déjà*

Quand les nouveaux locataires arrivent, le déménagement est fini, d'où le temps composé, le futur antérieur. Comme les locataires seront en train d'arriver, on mettra le verbe au futur simple.

1.1.27. L'ensemble du procès.

Au lieu de couper le procès en tranches, comme nous venons de le faire, on peut l'envisager dans sa totalité

3.7.1.20 Époque du présent

✦ *Zézette a déménagé aujourd'hui.*
✦ *Son déménagement a duré de 8 heures à midi.*

Les deux passés composés montrent qu'au moment que nous avons atteint dans notre récit, le déménagement est terminé, d'où le passé composé.

3.7.1.21 Époque du passé

✦ *Zézette avait déménagé ce jour-là.*
✦ *Son déménagement avait duré de 8 heures à midi.*

L'antériorité par rapport au passé est le plus-que-parfait

3.7.1.22 Époque du futur

✦ *Zézette aura déménagé aujourd'hui.*
✦ *Son déménagement aura duré de 8 heures à midi.*

Les deux futurs antérieurs montrent qu'au moment que nous avons atteint, le déménagement est terminé.

3.8 Tpt8 : Durée du procès

Comme dit dans le chapitre 7.1.2.8, la durée du procès peut être intéressante. Nous distinguerons 4 types de procès :

- Le procès instantané
  - Les verbes bascules. (Regarder, écouter etc.)
  - L'accélération de l'exécution (il eut tôt fait de disparaître)
  - Le procès qui dure peu (au moment où, à l'instant où)
- Le procès qui dure
- Le procès sans précision de durée

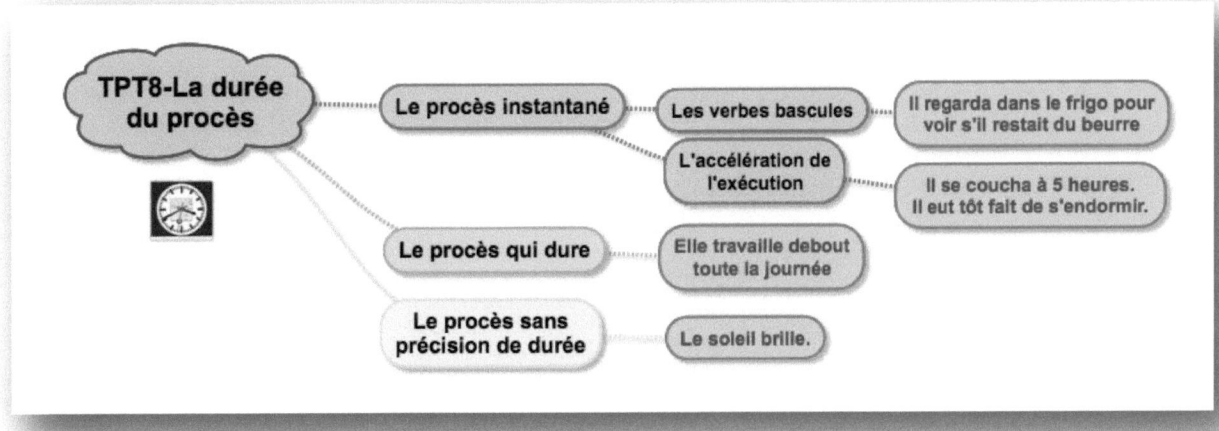

1.1.28. Les verbes bascules ou instantanés
3.8.1.1 Principe des verbes bascules

Nous avons vu dans 7.2.1.8.1. Le principe de ces verbes bascules qui présentent un procès qui est terminé dès qu'il a commencé. Ces verbes ne sont intéressants que pour les cas où ils sont à un temps passé de l'indicatif. En effet, on peut alors avoir les cas suivants.

✦ *Il regarda dans son portefeuille pour voir s'il avait encore un billet de cinquante euros. (1)*
✦ *Je le vis qui regardait dans la rue une voiture qui essayait de se garer dans un trou un peu trop petit. (2)*

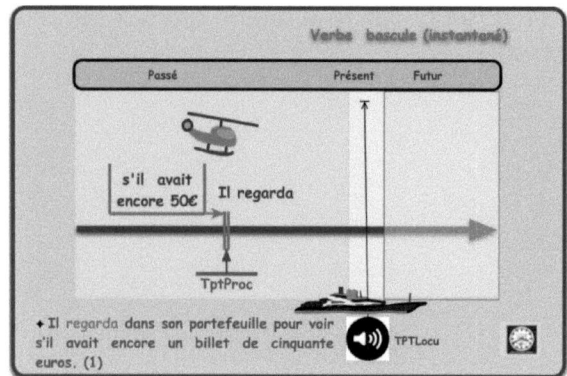
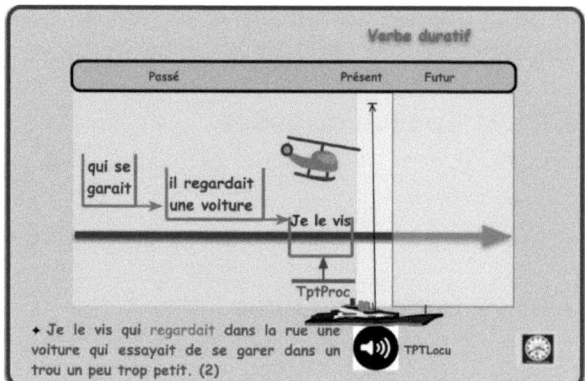

Pour expliquer pourquoi on a le passé simple dans 1, et l'imparfait dans 2, nous avons recours aux verbes bascules et aux verbes duratifs.
Certains verbes, dont ceux de perception, connaissent deux emplois.
Dans 1, nous avons affaire à un verbe bascule. Il signifie « allume le système visuel pour le cas où il y aurait quelque chose à voir ». Cet allumage est terminé dès qu'il a commencé, c'est-à-dire dès que le système est en état de voir.
Si, comme dans 2, un événement intéressant a lieu, on le voit, et on se met à le regarder avec insistance. Il ne s'agit plus d'allumer le système mais de profiter du spectacle. Et cela, on peut le faire aussi longtemps qu'il dure.
Dans le cas 1, il n'est pas possible de faire démarrer un nouveau procès entre le début et la fin de ce verbe instantané. C'est pour cela qu'on le mettra au passé simple.
Dans le cas 2, on a vu qu'une voiture essayait de se garer dans un trou trop petit. Et comme cela nous intéressait, on a regardé, c'est-à-dire profité du spectacle. Dans ce cas, quand je le vois, il est en train de regarder la tentative de garer une voiture dans un petit trou. *Je vis qu'il regardait* comporte donc une simultanéité au contact qui justifie l'imparfait pour regarder.

3.8.1.2 La famille des verbes bascules
Voici une série de ces verbes qui couvrent les cinq sens et la réflexion.

Allumer le système	Activité non intentionnelle	Activité intentionnelle
Regarder (un peu)	Voir qn/qc	Regarder qn / qc
Écouter (un peu)	Entendre qn/qc	Écouter qn/qc
Sentir (un peu)	Sentir qn/qc	Sentir qn/qc
Toucher (un peu)	Toucher qn/qc	Toucher qn/qc
Goûter (un peu)	Goûter qn/qc	Goûter qn/qc
Réfléchir (un peu)	Penser à qn/qc	Penser à qn/qc

On reconnaîtra sans difficulté, dans la première colonne, les verbes bascules, dans la seconde, les procès involontaires, dans la troisième, les verbes volontaires duratifs.

Au passé, les verbes bascules, qui sont terminés dès qu'ils ont commencé, sont le plus souvent au passé simple. En effet, on ne peut pas faire démarrer un nouveau procès entre leur début et leur fin. En revanche, lorsqu'ils se trouvent dans un train dans une fenêtre ouverte, et qu'un nouveau procès arrive, on peut retrouver un verbe bascule à l'imparfait.

✦ *La nuit, il y avait des bruits bizarres venant de la cuisine. Paul se levait tout de suite, mais quand il regardait dans la cuisine pour voir ce qui se passait, il ne voyait rien. Un jour, il installa une caméra pour percer ce mystère.*

Ce n'est pas le verbe lui-même qui entraîne l'imparfait, mais la répétition dont la fenêtre est encore ouverte le jour où il installe la caméra.

On notera que le verbe *entendre* lui-même (comme *voir*) a deux significations. Une jeune-fille se plaignait de ses géniteurs dans une interview à France Inter :

✦ *Mes parents m'écoutent, mais ils ne m'entendent pas.*

Ses parents, donc lui prêtent l'oreille, mais ne la comprennent pas. Ils sont sourds à ses problèmes de jeune-fille. On peut donc écouter sans entendre.
On peut aussi regarder quelque chose sans voir certains détails.

3.8.1.3 Cas du verbe « vouloir »

Notons qu'un autre verbe fait partie de cette famille des verbes bascules : le verbe « vouloir ».

✦ *Il voulut sortir lorsque sa femme le retint par la manche.* (1)
✦ *Il voulait sortir lorsque sa femme le retint par la manche.* (2)

▶ Dans le premier cas, *vouloir* signifie : prendre la décision de sortir, mettre en route le système qui va le faire sortir. (à rapprocher de « *regarde un peu* », verbe bascule). Sa femme se rend compte que sa décision de sortir est prise à un geste, ou un regard. Le passé simple montre que la décision est prise. C'est pour cela que l'on emploie le passé simple. Pourtant, il n'arrivera pas à sortir puisque sa femme arrive à le retenir.

▶ Dans le second, il ne s'agit plus de la prise de décision. L'homme est en train de réaliser sa volonté de sortir. Cette volonté est encore présente au moment où il commence à sortir (simultanéité au contact). D'où l'imparfait.
On peut aussi rapprocher ce problème de Tpt9 9.6. Le « vouloir » de l'exemple 1 est situé juste avant le début de l'action de sortir. Celui de l'exemple 2 se situe au début de l'action de sortir. Il a commencé un peu avant, et dure encore au moment où l'homme commence à sortir.

1.1.29. Procès de faible durée

Il existe des procès qui ne durent qu'un moment. Ils durent plus longtemps que les verbes instantanés, mais moins que les verbes duratifs.
C'est une balise temporelle qui souligne cette faible durée.

✦ *Au moment où l'élève sortait, le professeur lui demanda de rester pour l'aider à pousser un meuble.*

L'élève avait donc juste commencé à sortir, mais pas encore fini, lorsque le professeur l'a retenu. C'est pour cela qu'il faut employer l'imparfait. La balise temporelle est « au moment de sortir », qui réduit le procès à un moment, c'est-à-dire à peu de temps. Mais, comme l'on voit, il est possible de faire démarrer un procès nouveau entre le début et la fin d'un moment, ce que l'on ne peut pas faire dans le cas d'un verbe bascule, lequel est déjà fini alors qu'il vient à peine de commencer.

1.1.30. Accélération de l'exécution

Nous avons discuté dans le §2.2.1.8.2 de la possibilité d'utiliser un temps composé pour accélérer stylistiquement un procès.
Chaque temps composé de l'indicatif comme du futuro-conditionnel peut servir à accélérer un procès. Attention, le temps composé ne désigne pas un temps antérieur à celui de l'autre procès (Tpt3), ici « « quand elle menace de le quitter ». En aucun cas il ne s'excuse avant qu'elle ne le menace. Au contraire, ce moyen stylistique (cf. Tpt10) accélère les procès, selon le principe : « *ça y est, c'est fini* ». Le procès avant lequel c'est fini reste virtuel.

- *Quand elle le menace de le quitter, il a tôt fait de s'excuser.* (Avant la suite...)
- *Quand elle le menaça de le quitter, il eut tôt fait de s'excuser.* (Avant la suite...)
- *Quand elle le menaçait de le quitter, il avait tôt fait de s'excuser.* (Avant la suite...)
- *Quand elle le menacera de le quitter, il aura tôt fait de s'excuser.* (Avant la suite...)
- *Quand elle le menacerait de le quitter, il aurait tôt fait de s'excuser.* (Avant la suite...)

1.1.31. Les verbes duratifs

La plupart des verbes sont duratifs, c'est à dire que le procès qu'ils expriment ont une certaine durée. Cette durée peut se trouver précisée par une balise temporelle de durée :

- *Elle travaille toute la journée debout dans un magasin.* (Balise : toute la journée)
- *Les magasins sont ouverts de 9 heures à 20 heures.* (Balise : de 9h à 12h)
- *Cette milliardaire passe l'hiver dans sa maison de la Côte d'Azur, et l'été dans son château en Bretagne.* (balise : l'hiver)

1.1.32. Le procès sans précision de durée

On n'a pas toujours besoin de préciser la durée d'un procès.
- *Henri VIII d'Angleterre a été marié six fois.* (1)
- *La comète de Halley tourne autour du soleil.* (2)
- *Les Japonais mangent du poisson cru.* (3)

Dans l'exemple 1, l'important est le nombre de femmes qu'Henri VIII a épousées. La durée ne joue ici aucun rôle.
Dans 2, c'est autour de quel astre cette comète tourne qui nous intéresse. Nous aurions pu ajouter qu'elle met 76 ans pour faire le tour. Mais cela ne nous a pas paru indispensable.
Dans 3, l'intéressant est que les Japonais mangent du poisson cru. C'est peut-être cela qui leur vaut un nombre incroyable de centenaires.

Les deux derniers exemples disposent d'une fenêtre ouverte, car ces procès se répètent dans l'exemple 2 tous les 76 ans, dans le 3ème chaque fois qu'un Japonais mange du poisson cru. Quant au 1er exemple, il est constitué d'une série de 6 mariages. Ce n'est pas la répétition qui nous importe, mais le nombre assez étonnant de mariages : six pour un seul homme.
Tout est une question de point de vue. Les temps servent surtout à replacer les procès sur l'axe des temps.

3.9 Tpt9 : Degré de probabilité

Ce trait pertinent temporel sert surtout pour expliquer le futuro-conditionnel, mais également pour le subjonctif.
L'indicatif, lui, est le mode qui présente les procès comme certains. Même les menteurs en profitent pour faire croire que ce qu'ils disent est vrai à 100%.
Le degré de probabilité est en gros le pourcentage de chances que le locuteur accorde à un ou plusieurs procès dont il parle ou sur lequel il écrit.

Nous retiendrons les valeurs suivantes :

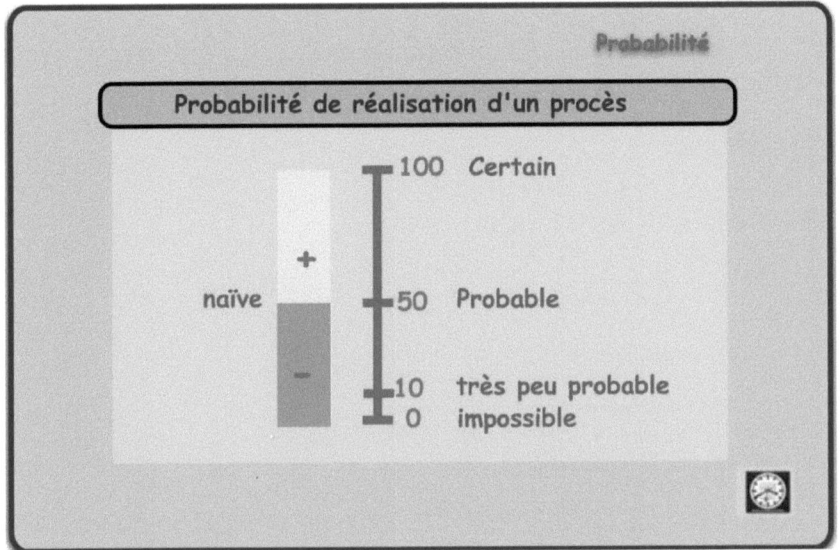

Chances de réalisation :	Signifie :
Probabilité 100 %	Le procès paraît certain
Probabilité 50 %	Une chance sur deux que le procès ait lieu
Probabilité 10 %	Le procès paraît improbable, mais pas impossible.
Probabilité = 0 %	Certitude que le procès ne peut pas ou n'a pas pu avoir lieu.
Probabilité naïve	C'est oui ou c'est non, sans évaluation des chances

Les Tpt à travers les temps

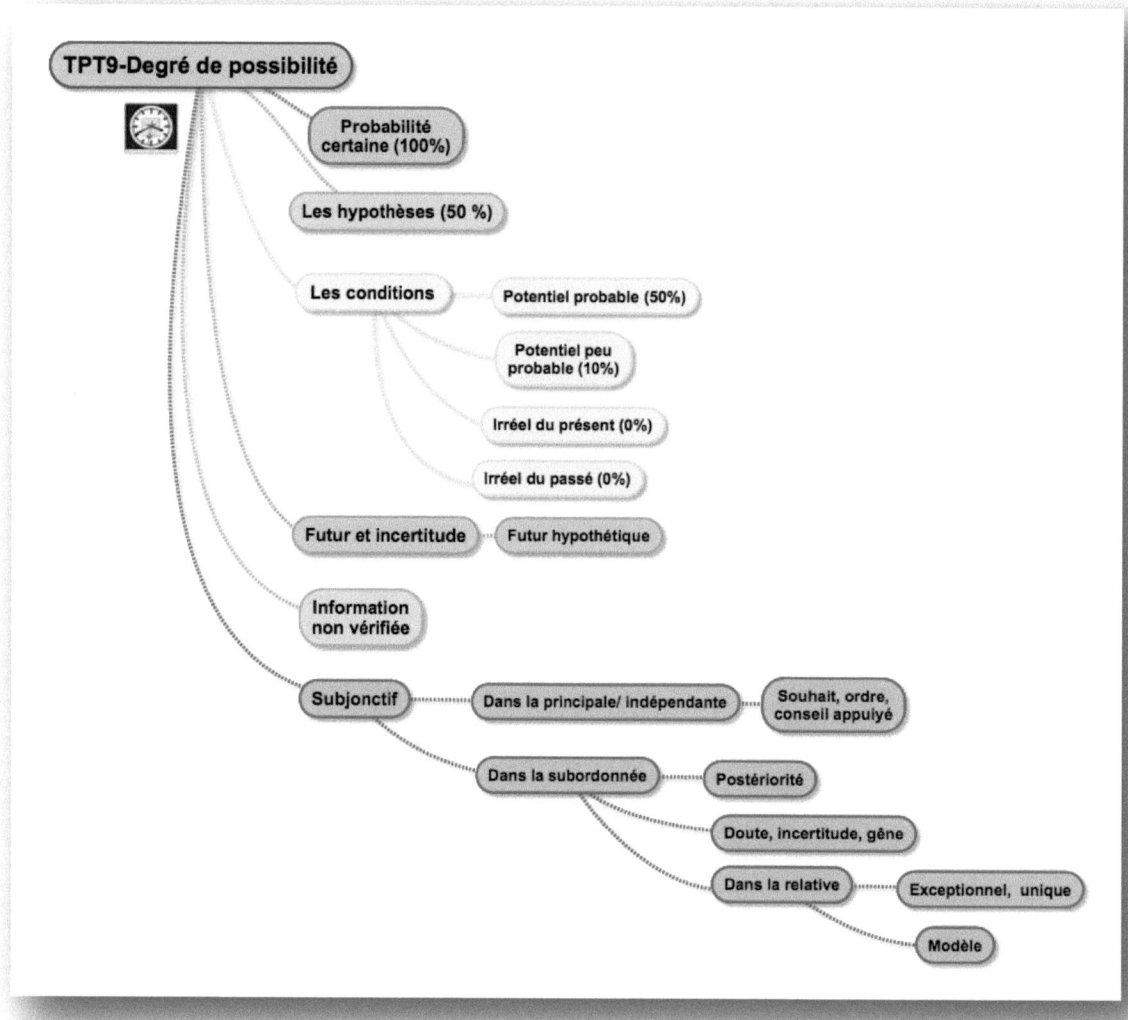

1.1.33. Probabilité certaine

✦ *Johnny Halliday est mort le 5 décembre 2017.*
✦ *Il repose maintenant sur l'île de Saint-Barthélémy.*

Il n'y a aucune raison de mettre en doute ces deux informations, d'autant plus que nous avons vu le long défilé de ses fans à Paris, tous très émus de sa mort et rappelant leurs souvenirs. On nous a présenté aussi le cortège funèbre composé de Mercédès Benz noires, transportant le cercueil de l'aéroport au cimetière marin de Lorient de Saint-Barth. A moins d'être adepte de la théorie du complot, on est bien obligé d'y croire.

D'ailleurs, lorsqu'une information est donnée à l'indicatif, et sauf si le nez du locuteur remue ou s'allonge comme celui de Pinocchio, on n'a pas de raison de se méfier.

1.1.34. Les hypothèses

Il y a des cas où l'on a de bonnes raisons d'avoir des doutes sur certains procès, d'autant plus que nous sommes avertis par le locuteur. C'est le cas dans les hypothèses.

Petite histoire

Les Tpt à travers les temps

> Votre voisine, qui est si aimable d'habitude, ne vous a pas saluée quand vous l'avez croisée dans l'escalier. Vous en discutez avec votre mari :
> « La voisine ne m'a pas saluée quand je l'ai rencontrée.
> **— Elle ne serait pas vexée ?**
> Mais pourquoi ?
> **— Elle n'aurait pas accepté que j'aie enguirlandé son fils alors qu'il bouchait le passage que cela ne m'étonnerait pas.** »

On peut formuler des hypothèses, grâce au conditionnel, en employant une question ou encore la principale précédée de « que ».

Quelle probabilité accorder à une telle hypothèse ? C'est difficile à dire, car on peut imaginer toutes sortes de raisons, tout aussi hypothétiques : elle se serait disputée avec son compagnon, elle se serait levée du pied gauche. Le mieux serait de le lui demander, et nous transformerions notre hypothèse en certitude.
Nous nous contenterons, en attendant d'une probabilité naïve : Soit nous avons raison, soit nous avons tort.

On peut aussi employer la tournure « *il se pourrait que + subjonctif* » qui souligne la possibilité, et non la certitude :
  ✦ *Il se pourrait qu'elle soit vexée.*
  ✦ *Il se pourrait qu'elle n'ait pas accepté que j'aie enguirlandé son fils.*
Dans ces deux cas, nous ne pouvons pas évaluer le degré de probabilité et nous choisissons la forme naïve.

1.1.35. Les conditions

La condition met en jeu le futuro-conditionnel. Nous considérons quatre cas de base :
  ➢ La condition peut encore se réaliser, et les chances sont à 50 %.
  ➢ La condition peut encore se réaliser, mais les chances sont minces : 10 %.
  ➢ La condition ne peut plus se réaliser maintenant. La probabilité est de zéro.
  ➢ La condition n'a pas pu se réaliser dans le passé. La probabilité est de zéro.
Voyons cela de plus près.

3.9.1.1 Le potentiel probable
On se pose souvent des questions sur le temps. Pendant les vacances d'été, à Nice :
  ✦ *S'il fait beau, nous irons à la plage.*
Les chances sont bonnes, même si on ne peut pas jurer que ce sera le cas. La probabilité est au moins de 50 %.
La conjonction *si*, comme les médailles, a deux côtés : s'il fait beau / s'il ne fait pas beau. Cet exemple contient donc aussi un non-dit :
  ✦ *S'il ne fait pas beau, nous irons au cinéma.*
Cela correspond au patron :
  Si + Indicatif présent, futuro-conditionnel futur simple

3.9.1.2 Le potentiel improbable mais possible
Restons dans la météo et parlons un peu de la neige qui est tombée le 9 janvier 2018 au Sahara. C'est étonnant, mais possible. La preuve !
Admettons que j'envoie des skis à mon cousin qui habite dans le Sahara. Je joins une carte :
  ✦ *« Si demain il neige, tu pourras faire du ski. »*

Il n'est pas du tout sûr qu'il apprécie mon cadeau, car les chances qu'il puisse faire du ski sont très minces. En fait, j'aurais dû écrire.

✦ « *Si demain il neigeait, tu pourrais faire du ski.* »

Mais dans ce cas-là, j'aurais dû me demander si ce cadeau avait un sens, étant donné la faible probabilité qu'il serve, même si la neige tombée le 9 janvier 2018 dans le Sahara algérien montre que ce n'est pas impossible. Il se pourrait qu'il ne neige plus pendant plusieurs dizaines d'années, ce qui donnerait à ce cadeau le caractère d'une plaisanterie. Peut-être vaudrait-il mieux que je trouve autre chose.

Cela correspond au patron :

Si + Indicatif imparfait, futuro-conditionnel conditionnel présent

3.9.1.3 L'irréel du présent

Lorsque les carottes sont cuites, il est trop tard pour les râper. Nous entrons dans la zone de l'irréel et des regrets.

✦ *Si j'avais des ailes, je volerais comme un petit oiseau.*

Oui mais voilà. Je n'en ai pas, et il n'y a aucune chance pour qu'il m'en pousse maintenant. Il ne me reste plus que le regret bien réel, de ne pas avoir d'ailes, ce qui aurait été bien pratique, et si écologiques. Cela correspond au patron :

Si + Indicatif imparfait, futuro-conditionnel conditionnel présent

Notons que c'est le même patron que pour le potentiel improbable. Seules les balises temporelles montrent s'il s'agit de demain (potentiel peu probable) ou d'aujourd'hui (irréel).

3.9.1.4 L'irréel du passé

Ce qui vaut pour le présent vaut d'autant plus pour le passé. On peut s'en mordre les doigts, mais on ne peut pas remonter le temps ni rien y changer.

✦ *Si Napoléon avait remporté la bataille de Waterloo, tout aurait été différent.*

Mais voilà : il n'a pas remporté la victoire. Alors, les admirateurs de l'empereur peuvent avoir des regrets, mais ils ne peuvent rien y changer.

Cela correspond au patron :

Si + Indicatif plus-que-parfait, futuro-conditionnel conditionnel passé 1ᵉ forme

1.1.36.   Futur et incertitudes

3.9.1.5 Le futur n'existe pas encore

Nous avons dit maintes fois que le futur était incertain. Cela se retrouve dans certains emplois dérivés des temps du futuro-conditionnel. Le futur est lié au probable, sans certitude.

3.9.1.6 Le futur hypothétique

Le futur, dans sa valeur déviée (Tpt10), exprime une hypothèse, donc un jugement dont la probabilité est incertaine. Lorsque nous émettons une hypothèse, nous avons de bonnes raisons de le faire, c'est à dire que nous voyons une raison pour expliquer un procès, sans pouvoir être sûr que cela soit la bonne. La probabilité est naïvement fixée : c'est vrai ou faux. Mais nous montrons qu'il s'agit d'une hypothèse en employant le futur.

✦ *Le professeur de ma fille est absent depuis quinze jours. Il sera en formation.*

Si j'étais sûr de cette explication, je dirais :

✦ *Le professeur de ma fille est absent depuis quinze jours. Il est en formation.*

J'aurais pu proposer la maladie, mais je sais qu'il est solide. J'aurais pu aussi proposer qu'il en avait assez, mais c'est un professeur sans problème. J'ai choisi ce qui me semblait être l'explication la plus plausible, tout en exprimant l'incertitude dans laquelle je me trouve.

Attention, un procès passé sera mis au futur antérieur :

✦ *Le professeur de ma fille était absent la semaine dernière. Il aura suivi une formation.*

L'imparfait correspond à « autrefois / aujourd'hui. » Autrefois, c'est la semaine dernière. Mais aujourd'hui, il est à son poste. Le futur antérieur souligne le fait que mon hypothèse touche un procès passé.

3.9.1.7 L'information non vérifiée

Lorsque l'on détient une information dont nous ne sommes pas sûr, et que nous n'avons pas l'occasion de la vérifier, on la met au conditionnel. On utilise le présent du conditionnel si le procès a lieu dans l'époque présente ou futur. Mais s'il a lieu dans le passé, on emploiera le conditionnel passé 1ère forme.

✦ *Le professeur de ma fille est absent depuis quinze jours. Il serait en formation.*
C'est ce que j'ai entendu dire par un parent d'élève, mais je ne sais pas si c'est vrai. En tout cas, si c'est vrai, il est encore en formation (temps simple)

✦ *Le professeur de ma fille était absent la semaine dernière. Il aurait été en formation.*
Cette fois, si mon information est juste, il a fini sa formation (Temps composé).
On retrouvera ce conditionnel dans la presse écrite ou à la radio, chaque fois que l'auteur veut montrer qu'il n'a pas pu vérifier ses sources. L'imparfait, lui, s'explique par l'idée « autrefois / aujourd'hui », autrefois correspondant à son absence la semaine dernière, et aujourd'hui, à sa présence en cours.

✦ *Un ministre anglais se serait réfugié dans l'Ambassade de France à Londres, la semaine dernière pour demander l'asile politique.*
Et même, certaines fois, le journaliste ajoute : « *Il faut mettre cette information au conditionnel.* », pour bien préciser qu'elle est probable, mais non vérifiée.
On pourrait bien sûr discuter de l'utilité d'une telle nouvelle pour l'auditeur. Le locuteur aurait aussi bien pu attendre la vérification de l'information avant de la proclamer. Mais on connaît bien les journalistes et leur tendance à donner des scoops, de préférence avant tous les autres. Tant pis si l'on se disqualifie en donnant des bobards comme véridiques, pourvu qu'on soit le premier à le faire.

1.1.37. Subjonctif

Le subjonctif est le mode du flou, artistique ou non.
Lorsqu'il est employé dans la principale, il exprime le souhait ou l'ordre.
Dans la subordonnée, son emploi est obligatoire ou interdit, selon le verbe introducteur ou la conjonction employée.

3.9.1.8 Souhait, ordre, conseil appuyé

Nul ne sachant si un souhait sera réalisé, ou si un ordre sera exécuté, ces procès se trouvant dans le futur par rapport à TptLocu, le locuteur exprime son doute sur les résultats en employant le subjonctif.
Comme on ne saurait évaluer le niveau de probabilité de ces procès, on se contente d'une probabilité naïve : **ou ça passe, ou ça casse.**

● **Souhait :** A un marin qui va faire le tour du monde en voilier :
✦ *Que les vents te soient favorables !* Le seront-ils ? On n'en sait rien. Mais cela ne coûte rien de le lui souhaiter.

● **Ordre /conseil** donné par l'intermédiaire d'une tierce personne à quelqu'un qui s'est fâché avec sa patronne :
✦ *Qu'il aille lui demander pardon !* Ira-t-il ? On n'en sait rien. Et n'oublions pas que les conseilleurs ne sont pas les payeurs.

3.9.1.9 Dans la subordonnée
Dans la subordonnée, tout dépend du verbe introducteur ou de la conjonction employée.

3.9.1.9.1 Postériorité
On peut soit se contenter d'apprendre les verbes et les conjonctions qui entraînent le subjonctif. On peut aussi apprendre les grands principes et les appliquer.
On peut enfin lire les listes et, une fois le principe compris, n'apprendre que les verbes ou conjonctions qui nous surprennent.

Dans le **temps**, le **but** et la **conséquence à éviter**, le subjonctif exprime le doute qu'on a lorsqu'on exprime un procès postérieur, dont la réalisation n'est pas certaine.

- *Emma prépare bien son contrôle pour que le professeur lui mette une bonne note.* But poursuivi : avoir une bonne note. L'aura-t-elle ? Ce n'est pas certain.
- *Guy apprend vite ses leçons de crainte que le professeur ne fasse une interrogation surprise.* But à éviter. L'évitera-t-il ? Ce n'est pas certain.
- *Viens vite avant que maman ne s'énerve.* S'énervera-t-elle ? On ne le sait pas, mais on se dépêchera de venir pour qu'elle n'ait pas à le faire.

Tous ses procès dont on ne sait pas s'ils auront du succès, sont postérieurs à l'action principale. Ainsi, vus de la principale, ces procès sont situés dans le futur et sont donc incertains.

3.9.1.9.2 Doute, incertitude, gêne
Les verbes suivis du subjonctif comme *douter que* ou les expressions impersonnelles telles qu'*il se peut que, il est bon que* entrainent des procès incertains, ce qui justifie l'emploi du subjonctif.

- *Il se peut qu'il soit chez lui.*
- *Nous doutons qu'elle soit d'accord avec votre proposition.*

Notez que les verbes exprimant une certitude deviennent incertains lorsqu'ils sont soumis à une négation dans un style soutenu.

- *Je suis sûr qu'elle viendra.*
- *Je ne suis pas sûr qu'il vienne.*

La concession, elle, exprime un procès qui devrait empêcher la réalisation d'un procès, mais n'y parvient.

- *Bien qu'il ait le vertige, il fait de l'alpinisme.* Son handicap gênant devrait l'en empêcher, mais il ne peut pas s'empêcher d'en faire.

3.9.1.9.3 Caractère exceptionnel, unique
Dans les relatives, le subjonctif exprime plutôt le caractère exceptionnel, hors de la norme de l'antécédent. Cela se produit lorsque l'antécédent est soumis à une négation, un superlatif ou lorsqu'il représente un modèle d'après lequel on cherche.

- *Il n'y a personne qui puisse me dire la vérité.* Tellement exceptionnel que personne ne peut le faire.
- *C'est le plus grand menteur que je connaisse.* L'antécédent *menteur* est soumis à un superlatif, ce qui le rend unique.
- *C'est la seule solution que je puisse envisager.* La seule, donc, unique.

✦ *Nous cherchons un plombier qui sache installer un climatiseur.* Un modèle de plombier que l'on cherche, sans savoir si on va le trouver.

3.9.1.9.4 Cas exceptionnel de la conséquence.

Vu de la principale, la subordonnée de conséquence n'a pas encore commencé. On pourrait donc penser qu'elle doit être au subjonctif. Pourtant, ce n'est pas le cas.

✦ *Je lâche ce vase, si bien qu'il tombera sur le sol et se brisera.*

La conséquence correspond à un procès logique qui découle du procès qui est sa cause. Elle correspond à des valeurs correspondant à l'expérience : je sais que si je lâche le vase, il va tomber sur le sol et se briser. Je n'ai donc aucune raison, en tant que locuteur, de douter de la conséquence.

 Attention à *de sorte que*, *de façon que*, *de manière que*, qui introduisent un but au subjonctif, ou une conséquence à l'indicatif ou au futuro-conditionnel selon les cas.

Ainsi, on aura :

✦ *J'ai fait tomber le vase de sorte qu'il s'est fracassé parterre.*

J'ai ici une conséquence à l'indicatif. Il est tombé et donc, il s'est cassé.

✦ *Je fais tomber le vase de sorte qu'il aille se fracasser parterre.*

Ce vase est trop laid. Je vais le faire tomber pour qu'il aille se fracasser, c'est ce que je vise comme but. J'emploie le subjonctif, car un but n'est jamais sûr. Ici, je réalise la cause dans le but que la conséquence soit provoquée.

3.10 Tpt10 : Valeur des temps

Les temps ont plusieurs valeurs, selon qu'on les emploie avec leur valeur de base, leur valeur stylistique, qu'on les utilise de façon atypique ou que l'on soit obligé de les employer pour des raisons syntaxiques.

1.1.38. Nous considérons quatre formes d'emploi :

- La valeur de base, qui est typique pour un temps.
- La valeur stylistique, qui est une dérivation de la valeur de base.
- La valeur déviée, qui n'a rien à voir avec la valeur de base.
- La valeur grammaticale, rendue obligatoire par l'emploi d'un verbe introducteur (vouloir) ou d'une conjonction ou locution conjonctive.

1.1.39. Tableau des emplois selon la valeur

	Valeur de base	Valeur stylistique	Valeur déviée	Valeur grammaticale
Indicatif				
Présent	Époque présente TptLocu = TptProc	Translation passé Translation futur		Condition : si + présent, Futur simple
Imparfait	Passé en cours	Importance, politesse		Condition : si + imparfait, cond Présent
Passé simple	Passé fini			
Passé composé	Antérieur présent		Passé accéléré	
Plus-que-parfait	Antérieur imparf.		Passé accéléré	
Passé antérieur	Ant. Passé sple		Passé accéléré	
Futuro-conditionnel				

Les Tpt à travers les temps

Futur simple	Futur		Hypothèse	Potentiel 50
Futur antérieur	Futur antérieur		Hypothèse	Potentiel 10
Cond. présent	Condition		Info officieuse	Irréel présent Potentiel 10%
Cond. passé 1e f.	Cond. antérieur		Info officieuse passée	Irréel du passé
Cond. passé 2e f.				
Subjonctif				
Subj présent	Ordre, conseil	Ordre, conseil par Un tiers		Conjonction, verbe, locution + subjonctif, postériorité
Subj passé	Ordre conseil passé			
Subj imparfait				
Subj plus-que-p.				
Impératif				
Présent	Ordre conseil			
Passé	Ordre passé			
Participe				
Présent	Simplification des cas difficiles			
Passé composé				
Passé				
Infinitif				
Présent	Simplification des cas difficiles			Verbes opérateurs
Passé				

1.1.40.   Topogramme des valeurs du temps

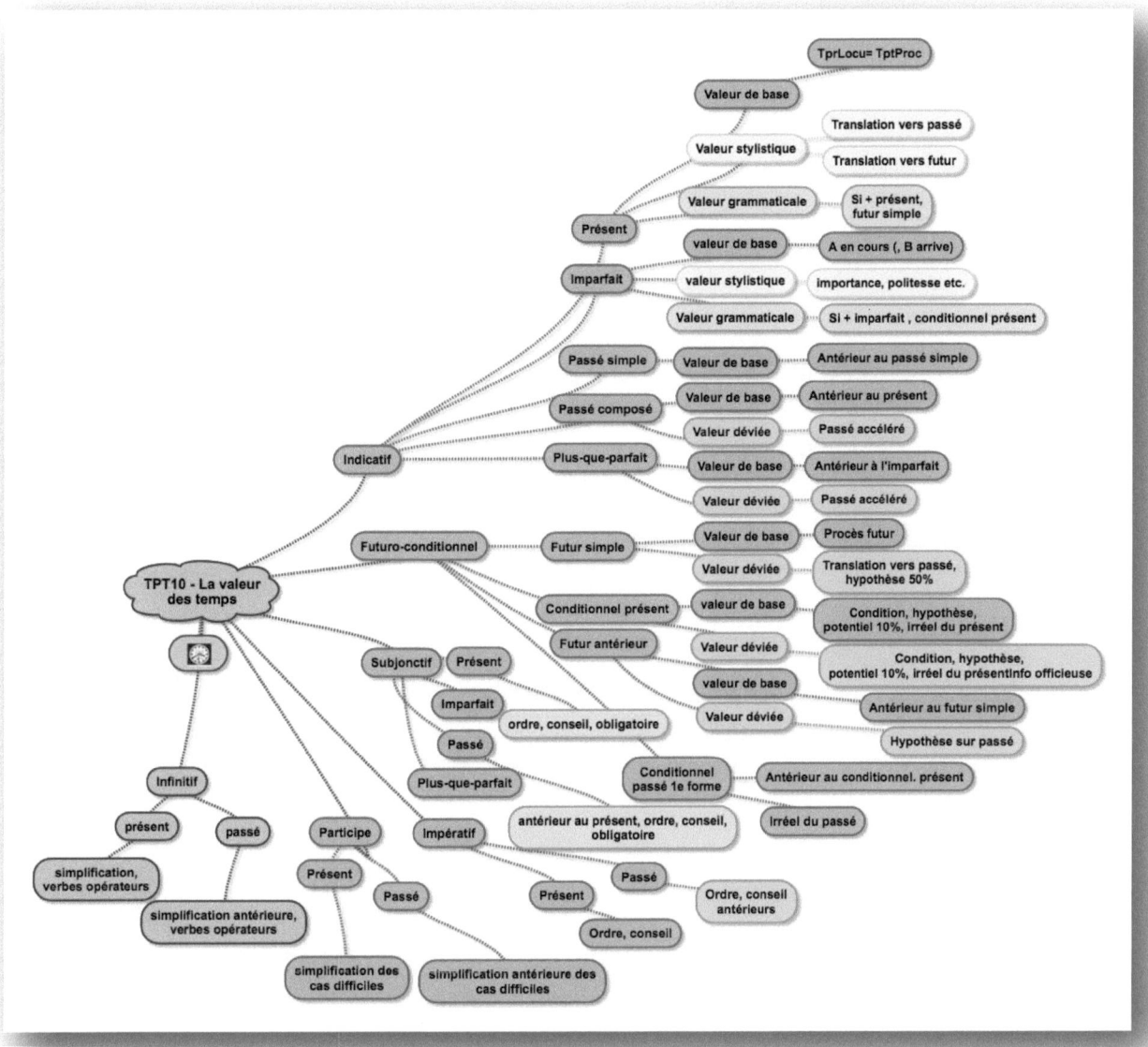

3.11 Tpt11 : Contraintes

La syntaxe nous interdit parfois l'emploi de certains temps dans certains cas. Il se peut aussi qu'au contraire, elle nous y oblige.
C'est le cas du subjonctif que l'on peut être obligé d'employer.
C'est le cas du futuro-conditionnel que l'on n'a pas le droit d'employer dans quelques cas.

1.1.41. Contraintes amenant le subjonctif

Tout dépend du verbe introducteur, de la conjonction ou des contraintes de l'antécédent. Voyez les § 8.3.5.5 et § 9.9.5. sur le subjonctif

1.1.42. Contraintes interdisant le conditionnel

Les Tpt à travers les temps

Lorsque l'on emploie la conjonction de condition si, les temps du futuro-conditionnels sont interdits dans la subordonnée.

Patrons	Exemples	Irréel / potentiel
Si + présent, futur simple	S'il a envie, nous irons au cinéma	Potentiel raisonnablement probable
Si + imparfait, conditionnel présent	S'il avait envie, nous irions au zoo	Potentiel peu probable
Si + imparfait, conditionnel présent	S'il voulait, il aurait de bonnes notes	Irréel du présent
Si + plus-que-parfait, conditionnel passé 1e forme	S'il avait voulu, il aurait eu de bonnes notes	Irréel du passé

Nous sommes bien loin du fameux et campagnard :

※ ~~Si j'avions su, j'aurions pas venu.~~

On trouvera des détails sur la probabilité dans § 7.2.1.9 Degré de probabilité de réalisation d'un procès (Tpt9) et § 9.9 Tpt9

3.12 Tpt12 : Résultat escompté

Lorsque l'on parle ou que l'on écrit, on le fait souvent pour obtenir un résultat.
Nous retiendrons les points suivants :
- ➢ Le but présenté comme sûr
- ➢ Le but incertain
- ➢ Le but raté
- ➢ L'ordre ou le conseil appuyé
- ➢ Menaces, insultes, protestations.

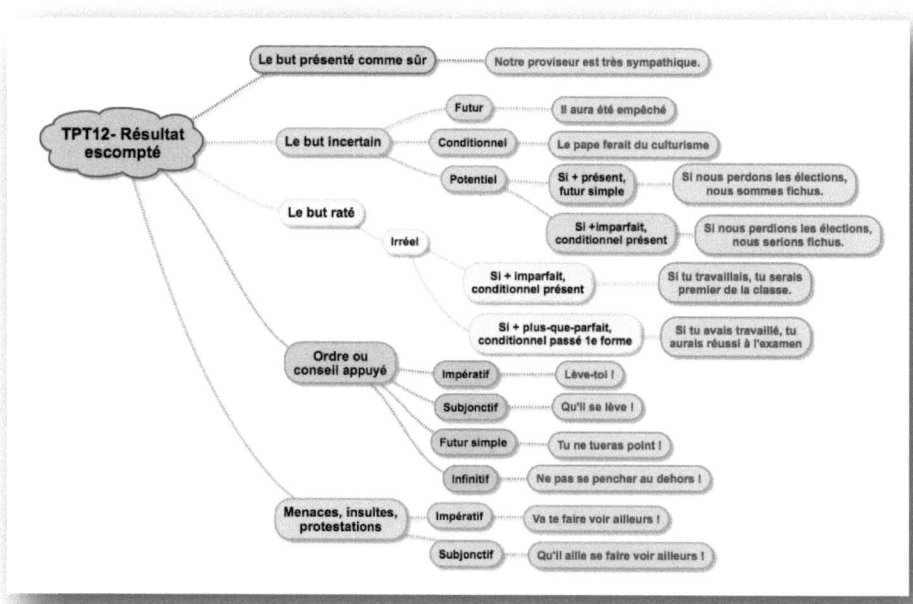

1.1.43. Le procès présenté comme sûr

L'indicatif est le mode de la réalité. Lorsque le locuteur parle à l'indicatif, son but est de faire passer une information estampillée « certaine, sincère ».

✦ *Notre DRH est particulièrement sympathique.* C'est mon avis.

Ceci n'empêche pas de mentir. Le tout est d'avoir l'air sincère.
- ✦ *Je cours le cent mètres en 10 secondes.* Si le locuteur est jeune et vigoureux, pourquoi ne pas le croire ? S'il a 80 ans et qu'il tient à peine debout, nous aurons du mal. Quand on ment, il faut que ce que l'on dit ait l'air plausible.

1.1.44. Le procès incertain

3.12.1.1 Si l'on emploie un temps du futuro-conditionnel, le procès sera moins certain.

◉ Si on emploie le futur, l'avenir étant incertain, on ne pourra qu'espérer que ce qui est prévu se réalise. Mais cela n'est pas certain.

- ✦ *Demain, il y aura des voitures volantes et les robots travailleront à notre place.*

C'est ce que disait mon instituteur en 1958, c'est à dire il y a plus de 60 ans. C'est aussi ce que j'ai entendu dire ce matin du 16.01.2018 à France Culture par un expert. Nous verrons si cet expert s'y connaît plus que mon instituteur pour nous donner une idée de l'avenir. En tout cas, le futur nous réserve encore bien des surprises.

◉ Il y a aussi les cas où l'on emploie le futur pour désigner une hypothèse. Dans ce cas, selon notre probabilité naïve, nous avons raison si nous n'avons pas tort.

- ✦ *Il ne m'a pas téléphoné. Il aura été empêché.*

3.12.1.2 Le conditionnel de l'information non vérifiée.

Il donne une possibilité sous toute réserve ; il n'y a donc rien de sûr là-dedans.
- ✦ *James Bond aurait été nommé Premier ministre.*

Nous avons lu cela sur les réseaux sociaux, mais nous n'avons pas encore pu le vérifier.

3.12.1.3 Nous avons vu aussi les cas de potentiel.

Le degré de probabilité variait de 50/100 (=probable) à 10/100 (= fort peu probable)
- ✦ *Si nous perdons les élections, ce sera de notre faute.* (50/100)
- ✦ *Si nous perdions les élections, ce que personne ne croit, ce serait de la faute des électeurs.* (10/100)

C'est ce qu'aurait pu dire François Fillion, dont l'élection était certaine, et qui, pourtant n'a pas réussi à devenir président de la République.

1.1.45. Le but raté

Lorsque l'on en arrive à l'irréel, du présent comme du passé, nous trouvons un cas de procès raté. Voici ce qu'une mère pourrait dire à son fils, qui a un poil dans la main :
- ✦ *Si tu travaillais, tu serais premier de la classe.* (Irréel du présent : il ne travaille pas et donc ne peut pas être premier)
- ✦ *Si tu avais travaillé plus régulièrement, tu aurais réussi à l'examen.* (Irréel du passé : il n'a pas travaillé régulièrement et n'a pas pu réussir)

1.1.46. L'ordre ou le conseil appuyé

Les ordres peuvent être donnés à l'impératif, au futur, au subjonctif où à l'infinitif. Leur réalisation dépend de l'autorité du locuteur, des circonstances et du bon vouloir de l'interlocuteur. Leur réalisation est donc loin d'être certaine.

3.12.1.4 A l'impératif, à la première ou à la deuxième personne, :

✦ *Lève-toi, assieds-toi, Dis bonjour à la dame, arrête de te balancer sur ta chaise !*

3.12.1.5 Ordre transmis par une tierce personne

On passe au subjonctif pour donner des ordres à quelqu'un par l'intermédiaire d'une tierce personne :

✦ *Qu'ils se lèvent tous quand le président entrera dans la salle.*

3.12.1.6 Au futur, comme dans le Décalogue :

La version que j'ai apprise au catéchisme :

✦ *Tu honoreras ton père et ta mère.*

La version que mes parents ont apprise :

✦ *Tes père et mère honoreras et aimeras parfaitement.*

3.12.1.7 A l'infinitif, généralement sur des pancartes :

✦ *Ne pas parler au conducteur.*
✦ *S'essuyer les pieds avant d'entrer.*

1.1.47.   Menaces, insultes, protestation.

▶ A l'impératif

✦ *Casse-toi ou je te casse la gueule !*

▶ Au subjonctif

✦ *Qu'il aille se faire voir ailleurs !*
✦ *Moi ? Que j'aille lui demander pardon ?*

1.1.48.   Excuses

On peut s'excuser de diverses façons

▶ Indicatif présent :

✦*Je vous demande pardon.*
✦ *Je vous présente mes excuses*

▶ Indicatif imparfait : excuses prudentes (si vous voulez, faites comme si je n'étais pas venu).

✦ *Je venais m'excuser d'avoir embouti votre voiture.*
✦ *Je voulais vous demander pardon d'avoir pris votre place de parking.*

▶ Conditionnel présent (poli)

✦ *Je voudrais vous demander pardon pour le bruit que nous avons fait.*

▶ Impératif présent (direct)

✦ *Excusez-moi.*

Bibliographie

4 *Les tpt sur le site <https://www.la-grammaire-du-fle.com>*

Vous retrouverez les traits pertinents temporels sur notre site <https://www.la-grammaire-du-fle.com>., dans la rubrique *Théorie des temps par les Tpt* les points suivants :

4.1 Actu
Quoi de neuf ? L'actualité de la rubrique.

4.2 Articles
Collection d'articles en rapport avec la Grammaire du FLE.

4.3 Site
La théorie des temps grammaticaux fondée sur les TpT.
Documents
   Les principaux documents graphiques du livre

4.4 Apprenants
Cette rubrique vous propose l'apprentissage de la théorie des temps :
- En travail en groupe, accompagnant un cours. On peut télécharger les différents chapitres du Cahier de Recherche des Apprenants permettant de travailler en groupe.
- En autonomie : le site guide votre apprentissage et vous propose des exercices autocorrigés.

4.5 Outils
- On vous y présente les livres, les sites en liaison avec « la Grammaire du FLE ».
- On vous offre aussi l'accès à un livre en PDF sur les conjugaisons, que vous pouvez télécharger ou simplement consulter.

4.6 Contacts
Au cas où vous voudriez écrire à l'auteur, vous pourrez y envoyer votre courriel.

5 Bibliographie

{Abeillé 2007} Abeillé, Anne Les grammaires d'unification Lavoisier Paris 2007

{Aristote} Aristote, *Physique*.

{Saint Augustin} Saint Augustin, *Confessions*.

{Beauzée 1782-86} L'Encyclopédie méthodique, Grammaire et Littérature (éd. par Beauzée et Marmontel), Paris-Liège, 1782-86, vol III, pp. 494-522.

{Benveniste 1966} Benveniste E. (1966-1974) Problèmes de Linguistique générale I-II, Gallimard.

{Bergson 88} Henri Bergson, *Essai sur les données immédiates de la conscience* Originalement publié en 1888. Paris : Les Presses universitaires de France, 1970, 144ᵉ édition.

{Buffier 1709} Buffier Claude, 1709, Grammaire françoise sur un plan nouveau, Paris, N. Le Clerc et al., reproduction en microfiches, Paris, France-Expansion (Archives de la linguistique française 1965), 1972.

{Chevalier-Blanche-Benveniste-Arrivé-Peytard 2009} Chevalier-Blanche-Benveniste, Arrivé, Peytard Grammaire Larousse du Français contemporain. Paris, Larousse 2009

{Conche 93} Marcel Conche, *Temps et destin*, PUF, 1992.

{Debono 2013} Debono, Marc Pragmatique, théorie des actes de langages et didactique des langues-cutures. Histoire, arrière-plans philosophiques, conséquences et alternatives., In : Castellotti, V. (sous la direction de), Le(s) français dans la mondialisation, Fernelmont : Editions Modulaires européennes, pp. 423-447.

{ Donait 1409} Donait françois de Barton (ca 1409)

{Dubois 1967} Dubois, Jean *Grammaire structurale du français* : le verbe Larousse 1967

{Dubois-Lagane 1973} Dubois J.- Lagane R. *La nouvelle Grammaire du français Larousse* 1973

{During} Elie During Philosophe, maitre de conférences à l'Université de Paris X-Nanterre.

{Fournier 1995} L'enseignement de la théorie des temps au début du XIXe siècle in Languages 29e année n° 120 1995 Les savoirs de la langue : histoire et disciplinarité pp. 10-32

{Fournier 2013} Jean-Marie FOURNIER Histoire des théories de la Grammaire Editions ENS 2013

{Freud 1916} Sigmund Freud, einige Charaktertypen aus der Psychanalytischen Arbeit (1916), Gesammelte Werke, Fischer, Vol. 10 p. 39,

{Germain / Netten 2013} *Grammaire de l'oral et grammaire de l'écrit dans l'approche neurolinguistique (ANL)* **Synergies** Mexique n°3 - 2013 p. 15-29

{Greene 2006} Brian Greene Das elegante Universum Traduction allemande de Hainer Kober Goldmann-Verlag München 2006

{Grévisse 1969} Grévisse, Maurice Le Bon Usage Duculot / Hatier 1969

{Grévisse-Lits 2009} Grévisse, Maurice – Lits, M. Le petit Grevisse, Grammaire française de Boeck supérieur

{Gross 1968} Gross, Maurice *Grammaire transformationnelle du français syntaxe du verbe* Larousse 1968

{Heidegger} Martin Heidegger, *Être et temps* 1927

{Husserl} Edmund Husserl, *Phénoménologie de la conscience intime du temps* 1964 (Edition française)

{Jankélévitch 83} Vladimir Jankélévitch, *L'Irréversible et la Nostalgie*, Éd. Flammarion, 1983.

{Kant} Immanuel Kant, *Critique de la raison pure* 1781.

{Klein 1998} Etienne Klein *Le temps de la physique* publié dans *Dictionnaire de l'ignorance* Albin Michel 1998, ouvrage paru sous la direction de Michel CAZENAVE

{Klein 2007} Étienne KLEIN, Conférence Cyclope du 12 et 19 juin 2006 au CEA Saclay "*Le temps existe-t-il ?*" https://www.youtube.com/watch?v=4lf9xFKoT8Y

{Klein 2016} Etienne Klein : Émission de France culture de la série « La conversation scientifique », diffusée le 15 octobre 2016 et intitulée « **Comprendre la théorie de la relativité** », avec le philosophe Etienne Klein

{Lutteroth 2011} Johanna Lutteroth, *Gescheuerte Kunst* (= L'art récuré) http://www.spiegel.de/einestages/skandal-um-beuys-badewanne-a-947414.html
SPIEGEL ONLINE 09/12/2011

{Martin 1970} Martinet, André *Eléments de linguistique* Armand Colin 1970

{Martin-Lecomte 1962} J. Martin- J. Lecomte *Grammaire française* Masson 1962

{Mellet 1988} Mellet Sylvie. *Temps, mode et aspect : de l'unité des catégories verbales.* In : L'Information Grammaticale, N. 38, 1988. pp. 16-18.

{Meunier 2014} Meunier, Christian eGrammaire BoD 2014

{Meunier 2015} Meunier, Christian Grammaire participative BoD 2015

{Meunier 2015a} Meunier, Christian Petit Guide de la Phonétique corrective BoD 2015

{Meunier-Meunier 2017} Meunier, Gérard & Meunier, Christian OrthoFLE, Le livre du professeur d'orthographe Editions du FLE Bookelis 2017

{Monneret 2011} Philippe Monneret (Dijon) : Actualité de l'approche guillaumienne du système verbo-temporel (1er décembre 2011 Journée d'étude : temps aspect mode en français et en allemand)

{Nietzsche} Friedrich Nietzsche, *Le gai savoir* (die fröhliche Wissenschaft)

{Piètre-Cambacédès / Meunier 2017} Piètre-Cambacédès, Jean & Meunier, Christian La Conception du temps en français, anglais et allemand Editions du FLE Bookelis 2017

{Pohl 1958} Pohl, Jacques L'expression de l'aspect verbal dans le français contemporain. In: Revue belge de philologie et d'histoire, tome 36, fasc. 3, 1958. Langues et littératures modernes — Moderne talen en letterkunden. pp. 861- 868 ;
{Platon} Platon, *Timée* 360 av. JC
{Port Royal 1676} Grammaire

{Priscien 525} : Institutiones grammaticæ, Livre VIII (Grammatici latini 405.8-14 et 406.1.6) à partir de 525 après J.C.

{Renault} Matthieu Renault *Cours de Philo* Site : Philosophie.net (consulté en 2016)

{Riegel-Pellat-Rioul 1994} Riegel, Pellat, Rioul *Grammaire méthodique du français* PUF 1994

{Rosier 2005} Rosier, L. (2005). *L'imparfait ventriloque*. In E. Labeau & P. Larrivée (Eds.), Nouveaux développements sur l'imparfait (pp. 121-133). Amsterdam : Rodopi. (Cahiers Chronos, 12).

{Santacroce} Michel Santacroce, Université d'Avignon, dans « Linguistique et multimédia » http://emile.simonnet.free.fr/sitfen/narrat/tempsverbaux.htm

{Saussure 1916} Saussure, Ferdinand de *Cours de linguistique générale* Payot 1916

{Schmitt Jensen 1992} Schmitt Jensen, Jörgen Revue Romane 27.01.92

{Sensine 1908} Sensine, Henri *L'emploi des temps en français* Payot 1908

Simonnet Emile Narratologie

{Spinoza} Bento Spinoza, *Éthique.* 1677.

{Swiggers 1988} Swiggers, Pierre : *Une théorie du temps au dix-huitième siècle* In: L'Information grammaticale N. 38, 1988, pp. 11-15

{Tamine-Gardes 1987} Tamine-Gardes Joëlle. Introduction à la syntaxe (suite) : Modes, temps et aspects. In : L'Information Grammaticale, N. 33, 1987. pp. 37-40.

{van Riller 2010} van Riller, Jacques, *Psychanalyse populaire et psychanalyse pour initiés* pp 283-291 dans Le livre noir de la Psychnalyse Editions des Arènes 2010

{Vassant 1981} Vassant Annette. Ambiguïtés et mésaventures d'une théorie linguistique : les relations de temps dans le verbe français d'E. Benveniste. In : L'Information Grammaticale, N. 9, 1981. pp. 13-19.

{Wagner-Pinchon 1962} Wagner, R.L. - Pinchon, J. *Grammaire du français classique et moderne* Hachette 1962

{Weinrich 89} Weinrich, Harald *Grammaire textuelle du français*, traduction Gilbert et Daniel Malbert, Paris Didier / Hatier, 1989. 672 p.

Wikipedia L'Encyclopédie libre. https://www.wikipedia.org

{Wilmet 88} Marc Wilmet. *Le temps linguistique*. In: L'Information Grammaticale, N. 38, 1988. pp. 6-10.

{Wilmet 96} Marc Wilmet : *L'ELGF : Une grammaire à " tiroirs"* Langages, 30e année, n° 124 1996 *Actualité de Jacques Damourette et Edouard Pichon* pp. 17-34

{Wilmet 2014} Marc *Grammaire critique du français* 5e édition entièrement revue De Boeck / Duculot 2014 Louvain-la-Neuve / Belgique

6 *Table des Matières*

1	**POSONS LE PROBLEME** 1	
	1.1 Pas d'explication simpliste 2	
	1.2 Pas d'explications trop litteraires 2	
	1.3 Pourquoi construire une nouvelle theorie des temps ? 4	
2	**DECOUVRONS LES TRAITS PERTINENTS TEMPORELS** 7	
	2.1 Definition des traits pertinents temporels 7	
	2.2 Decouverte des traits pertinents 7	
	2.2.1 Topogramme des traits pertinents temporels 9	
	2.2.1.1 Les époques (Tpt1) 10	
	2.2.1.2 Le repère temporel lié à la locution (Tpt2) 10	
	2.2.1.2.1 Il y a deux repères temporels de base : 10	
	2.2.1.3 TptProc et les balises temporelles (Tpt3). 12	
	2.2.1.3.1 Procès sans balise : 12	
	2.2.1.3.2 Le procès est lié à une balise temporelle (TptBalTemp) 13	
	2.2.1.4 Le procès est lié à un autre procès (Tpt4). 13	
	2.2.1.4.1 Les deux procès sont mêlés de façon fortuite. 14	
	2.2.1.4.2 Un procès peut aussi être lié à un autre, qui a lieu avant, après ou pendant. ... 14	
	2.2.1.5 Les types de procès individuels ou en série. (Tpt5) 16	
	2.2.1.5.1 Procès individuel 17	
	2.2.1.5.2 Procès en série 17	
	2.2.1.6 Fenêtre et procès latent (Tpt6) 18	
	2.2.1.6.1 Notion de procès latent 18	
	2.2.1.6.2 Les éléments en présence, ... 19	
	2.2.1.6.3 Les étapes de l'emploi d'une fenêtre. 19	
	2.2.1.6.4 Reconnaître et évaluer une fenêtre temporelle 20	
	2.2.1.7 Partie visée du procès (Tpt7) 24	
	2.2.1.7.1 Le moment intéressant se trouve situé juste avant le début du procès. ... 24	
	2.2.1.7.2 Le début du procès 25	
	2.2.1.7.3 Le corps du procès 25	
	2.2.1.7.4 La fin du procès 25	
	2.2.1.7.5 Le moment juste après la fin du procès. 26	
	2.2.1.7.6 L'ensemble du procès. 26	
	2.2.1.8 La durée du procès (Tpt8) 27	
	2.2.1.8.1 Verbes bascules ou instantanés 27	
	2.2.1.8.2 Rapidité d'exécution (antériorité par rapport à procès-joker virtuel) 28	
	2.2.1.8.3 Verbes duratifs 28	
	2.2.1.8.4 Verbes sans précision de durée. 28	
	2.2.1.9 Degré de probabilité de réalisation d'un procès (Tpt9) 29	
	2.2.1.9.1 Certitude que le procès s'est réalisé, se réalise ou se réalisera. 29	
	2.2.1.9.2 Une chance sur deux que le procès se soit réalisé, se réalise ou se réalisera. ... 29	
	2.2.1.9.3 Très faible chance que le procès se soit réalisé, se réalise ou se puisse se réaliser un jour. 30	
	2.2.1.9.4 Certitude que le procès n'a pas eu, n'a pas lieu, n'aura pas lieu. 30	
	2.2.1.9.5 Probabilité naïve : on n'envisage qu'une des parties de l'alternative 30	
	2.2.1.10 Valeur du temps employé (Tpt10) 30	
	2.2.1.10.1 Valeur de base 30	
	2.2.1.10.2 Les valeurs stylistiques, ou détournées pour un usage personnel : 31	
	2.2.1.10.3 Les valeurs déviées : 32	
	2.2.1.10.4 Valeur grammaticale 32	
	2.2.1.11 Les contraintes obligatoires ou facultatives (Tpt11) 33	
	2.2.1.12 Résultat escompté (Tpt12) 34	
	2.2.1.12.1 Présenté comme sûr 34	
	2.2.1.12.2 Incertain 34	
	2.2.1.12.3 Raté 34	
	2.2.1.12.4 Ordre, conseil appuyé 34	
	2.2.1.12.5 Menaces, insultes, protestation 34	
	2.2.2 Récapitulons ce que nous avons découvert : 35	

Table des Matières

    2.2.3   Tableau du réseau des divers traits pertinents temporels 35
    2.2.4   Tableau des divers traits pertinents temporels 35
    2.2.5   Voici la liste des Tpt utilisés avec leurs valeurs possibles : 36
    2.2.6   Le code des temps 38

3 LES TPT A TRAVERS LES TEMPS ET LES MODES 43

  3.1   TPT1 : LES EPOQUES 43
  3.2   TPT2 : LES REPERES DE BASE TPTLOCU ET TPTPROC 44
    3.2.1   Généralités 44
    3.2.2   Réflexions sur le temps 44
        3.2.2.1   Tout est en mouvement 44
            3.2.2.1.1   TptLocu 45
            3.2.2.1.2   TptProc 46
        3.2.2.2   Le fil de la locution 46
        3.2.2.3   Rapports entre temps réel et temps grammatical 47
  3.3   TPT3 : LES BALISES TEMPORELLES 47
    3.3.1   Procès sans balise. 48
    3.3.2   Utilisation d'une balise de temps 48
        3.3.2.1   Diverses balises de temps 48
            3.3.2.1.1   Moment précis : 48
            3.3.2.1.2   Date précise 48
            3.3.2.1.3   Position par rapport à un autre procès 49
        3.3.2.2   Importance des balises et nécessité d'un bon codage / décodage 50
  3.4   TPT4 : PROCES LIE A UN AUTRE PROCES 51
    3.4.1   Les différents types de procès. 51
    3.4.2   Quel est l'intérêt de faire cette distinction ? 52
    3.4.3   La notion de focus 52
    3.4.4   Les rapports d'antériorité, de simultanéité et de postériorité. 52
        3.4.4.1   Généralités 52
        3.4.4.2   L'antériorité 53
            3.4.4.2.1   Il y a antériorité de fait, sans que l'on mette l'accent dessus : 53
            3.4.4.2.2   Il y a antériorité soulignée, ... 53
            3.4.4.2.3   L'antériorité conditionnelle 56
            3.4.4.2.4   L'antériorité éloignée 57
        3.4.4.3   La postériorité 57
            3.4.4.3.1   Qu'entend-on par postériorité ? 57
            3.4.4.3.2   La postériorité fortuite. 58
            3.4.4.3.3   La postériorité soulignée. 58
        3.4.4.4   La simultanéité. 61
            3.4.4.4.1   Qu'entendons-nous par simultanéité ? 61
            3.4.4.4.2   La simultanéité revêt plusieurs visages : 61
  3.5   TPT5 : TYPE DE PROCES 65
    3.5.1   Les différents types de procès. 66
    3.5.2   Quel est l'intérêt de faire cette distinction ? 67
  3.6   TPT6 : FENETRE TEMPORELLE ET PROCES LATENTS 67
    3.6.1   Problèmes posés par les répétitions 68
    3.6.2   Fenêtre et procès latent 69
        3.6.2.1   Définitions 69
        3.6.2.2   La vie d'une fenêtre 69
            3.6.2.2.1   Ouverture 69
            3.6.2.2.2   Comment se servir de la répétition 70
            3.6.2.2.3   Il faut qu'une fenêtre soit ouverte ou fermée 71
        3.6.2.3   Comment fermer une fenêtre. 74
            3.6.2.3.1   Fermer une fenêtre à chaud 74
            3.6.2.3.2   Fermer une fenêtre à froid 75
            3.6.2.3.3   Une fenêtre peut se fermer seule. 75
            3.6.2.3.4   Une fenêtre peut ne pas pouvoir être fermée 76
        3.6.2.4   Fenêtre et temps 76
  3.7   TPT7 : PARTIE DU PROCES VISEE 77
    3.7.1   Topogramme de la partie du procès visée. 77
    3.7.2   Les faits et résumés / n° du paragraphe correspondant : 78
    3.7.3   Le moment juste avant le début du procès. 79

	3.7.3.1	Généralités	79
	3.7.3.2	Époque du présent	79
	3.7.3.3	Époque du passé	80
	3.7.3.4	Époque du futur	80
3.7.4		Le début du procès.	80
	3.7.4.1	Époque du présent	80
	3.7.4.2	Époque du passé	81
	3.7.4.3	Époque du futur	81
3.7.5		Le corps du procès.	81
	3.7.5.1	Époque du présent	81
	3.7.5.2	Époque du passé	81
	3.7.5.3	Époque du futur	81
3.7.6		La fin du procès.	81
	3.7.6.1	Époque du présent	81
	3.7.6.2	Époque du passé	82
	3.7.6.3	Époque du futur	82
3.7.7		Le moment juste avant la fin du procès.	82
	3.7.7.1	Époque du présent	82
	3.7.7.2	Époque du passé	82
	3.7.7.3	Époque du futur	82
3.7.8		Le moment juste après la fin du procès	82
	3.7.8.1	Époque du présent	82
	3.7.8.2	Époque du passé	82
	3.7.8.3	Époque du futur	82
3.7.9		L'ensemble du procès.	83
	3.7.9.1	Époque du présent	83
	3.7.9.2	Époque du passé	83
	3.7.9.3	Époque du futur	83
3.8	TPT8 : DUREE DU PROCES		83
3.8.1		Les verbes bascules ou instantanés	84
	3.8.1.1	Principe des verbes bascules	84
	3.8.1.2	La famille des verbes bascules	84
	3.8.1.3	Cas du verbe « vouloir »	85
3.8.2		Procès de faible durée	85
3.8.3		Accélération de l'exécution	85
3.8.4		Les verbes duratifs	86
3.8.5		Le procès sans précision de durée	86
3.9	TPT9 : DEGRE DE PROBABILITE		86
3.9.1		Probabilité certaine	88
3.9.2		Les hypothèses	88
3.9.3		Les conditions	89
	3.9.3.1	Le potentiel probable	89
	3.9.3.2	Le potentiel improbable mais possible	89
	3.9.3.3	L'irréel du présent	90
	3.9.3.4	L'irréel du passé	90
3.9.4		Futur et incertitudes	90
	3.9.4.1	Le futur n'existe pas encore	90
	3.9.4.2	Le futur hypothétique	90
	3.9.4.3	L'information non vérifiée	91
3.9.5		Subjonctif	91
	3.9.5.1	Souhait, ordre, conseil appuyé	91
	3.9.5.2	Dans la subordonnée	92
	3.9.5.2.1	Postériorité	92
	3.9.5.2.2	Doute, incertitude, gêne	92
	3.9.5.2.3	Caractère exceptionnel, unique	92
	3.9.5.2.4	Cas exceptionnel de la conséquence	93
3.10	TPT10 : VALEUR DES TEMPS		93
3.10.1		Nous considérons quatre formes d'emploi :	93
3.10.2		Tableau des emplois selon la valeur	93
3.10.3		Topogramme des valeurs du temps	94
3.11	TPT11 : CONTRAINTES		95
3.11.1		Contraintes amenant le subjonctif	95
3.11.2		Contraintes interdisant le conditionnel	95

- 3.12 TPT12 : Résultat escompté 96
  - 3.12.1 Le procès présenté comme sûr 96
  - 3.12.2 Le procès incertain 97
    - 3.12.2.1 Si l'on emploie un temps du futuro-conditionnel, le procès sera moins certain. 97
    - 3.12.2.2 Le conditionnel de l'information non vérifiée. 97
    - 3.12.2.3 Nous avons vu aussi les cas de potentiel. 97
  - 3.12.3 Le but raté 97
  - 3.12.4 L'ordre ou le conseil appuyé 97
    - 3.12.4.1 A l'impératif, à la première ou à la deuxième personne, : 97
    - 3.12.4.2 Ordre transmis par une tierce personne 98
    - 3.12.4.3 Au futur, comme dans le Décalogue : 98
    - 3.12.4.4 A l'infinitif, généralement sur des pancartes : 98
  - 3.12.5 Menaces, insultes, protestation. 98
  - 3.12.6 Excuses 98

4 LES TPT SUR LE SITE HTTPS://WWW.LA-GRAMMAIRE-DU-FLE.COM 99
- 4.1 Actu 99
- 4.2 Articles 99
- 4.3 Site 99
- 4.4 Apprenants 99
- 4.5 Outils 99
- 4.6 Contacts 99

5 BIBLIOGRAPHIE 101

6 TABLE DES MATIERES 105